サイエンス
ドリブン

生産性向上につながる
科学的人事

梅本哲 UMEMOTO SATOSHI

幻冬舎MC

はじめに

日本企業の生産性は、諸外国に比べ低い状況が続いています。日本生産性本部の「労働生産性の国際比較」によると、日本の2019年の一人あたりの労働生産性はOECD加盟37カ国中26位で1970年以降最悪の順位となりました。また、主要先進7カ国に限定すれば、1970年以降は常に最下位に甘んじています。

社員個人の生産性は「生産性＝能力×時間×パフォーマンス」という数式で表すことができます。パフォーマンスというのは、言い換えれば「やる気」や「仕事への前向き度」など、どれだけ能力を発揮できる状況にあるかということです。「今日はまったく仕事に集中できない」といった感覚は、誰もが一度は経験があるかと思います。そのような状況が「パフォーマンスが低い」ということになります。

日本はこれまで、「生産性＝能力×時間×パフォーマンス」のうち「時間」を長く取ることで生産性を維持しようとしてきました。しかし、そのやり方では他国に比べて生産性が上がらないことは、データを見るまでもなく明らかです。加えて、働き方改革が進められる昨今においては、長時間労働そのものが難しい状況にあります。

また、社員の「能力」を高めようと研修に力を入れる企業も多くありますが、社員の能力は一人ひとり異なるため、一律の研修は効率的とはいえません。かといって、個別で指導するのは手間と時間がかかり過ぎます。生産性を決定づける要因のうち、「時間」と「能力」を急激に高めることは難しいといえます。

長時間労働が見直され、社員の能力を上げようにもすぐに結果を出すのは難しい……。そんな現代日本においては、「パフォーマンス」を高めることが、企業の生産性向上に効果的です。

これまで、私は約18年間にわたってストレスチェックの開発と運用に携わってきました。筑波大学と共同開発したツールを使って約２６０社でストレスチェックを実施し、その結果を分析するなかで、個人の生産性を決定づけるパフォーマンスは「ストレス量」に大きく影響されることに気づきました。過度なストレスが原因でパフォーマンスが落ちている社員は、ストレスを緩和させることでパフォーマンス……ひいては生産性が向上するのです。

さらに、ストレスチェックではストレスの量だけではなく、「ストレス対処能力」を測定することができます。ストレス対処能力とは文字どおり「ストレスに対応する力」のことで、この能力が高い人は、ストレスがかかってもパフォーマンスが落ちにくいという特徴があります。つまり、ストレス下においても生産性を落とさず、維持できるということです。

また、ストレスの種類や強さ、ストレス対処能力を数値化、つまり見える化することは、個人の生産性だけでなく、企業・部署の生産性を向上させるための「人材配置」を行ううえで非常に役に立ちます。

例えば、研究開発部門のなかから数人をピックアップして、少数精鋭で新商品を開発しようと思ったときは、基本的な能力に加えて、「ストレス対処能力」が高く、「パフォーマンスを維持できる」人を選ぶことが効果的です。そういった人は、ストレスがかかってもパフォーマンスが落ちにくいため、限られた期間（時間）内に効率的に成果を出しやすいといえます。実際に、「少人数で閉じた空間に長時間拘束され、分単位でミッションをこなすことが求められる」という、ある意味、究極のストレス環境で働く宇宙飛行士を選抜する際には、ストレス対処能力が重要視されています。

日本の多くの企業では、人材配置は人事、各部門の責任者や担当者の「経験と勘による判断」で行われています。「あの人は意欲がある」「この人は能力が高い」といった能力評価や業務実績、面談・テストの結果などを基に人材を配置していますが、一時はうまくいっても、選定する側の担当が替わってしまえば、基準そのものが変わることにもなりかねません。

人事の公平性はもちろん大事ですが、優秀な人材を見つけて、より重要な部署に配置するという点においては、エビデンスに基づいた「科学的な人事」が重要です。

現在、常時50人以上の従業員が働く事業所においては、年1回のストレスチェックが義務化されています。ほとんどの企業では、ストレスチェックは従業員のメンタル面での健康管理のために利用されているでしょうし、目的外の利用はコンプライアンスの観点からも好ましくありません。しかし、ストレスチェックで得られたビッグデータから、例えばヒトの生産性を左右する要因やエビデンスを導き出し、ハラスメントや若手の離職が起こりやすい職場のサインを見つけることも可能なのです。そして、これらを企業の生産性向上に活かすことが「データによる企業価値の向上」につながります。

本書では、ストレスチェック結果をどのように活かすか、またストレスチェックから得られたデータをどのように活用すれば、企業の生産性が向上するのかを解き明かします。本書で述べる方法は、データに基づいた（データドリブンな）ものであり、どの企業でも再現できます。人事担当者の経験やスキルに依存しなくても、科学的で適材適所な人材配置が可能になり、結果として企業の生産性向上につながります。

1社でも多くの企業に本書で述べる方法論を導入していただくことで、日本全体の生産性向上に少しでも寄与できるのであれば、筆者としてそれに勝る喜びはありません。

サイエンスドリブン　生産性向上につながる科学的人事　目次

［第5章］　サイエンスドリブン――属人的人事から脱し、科学的人事で会社を成長に導け

［第1章］

勘や経験に基づいた〝非科学的な人事〟がもたらす生産性の低下

日本の生産性の低さに関する事実

日本の労働生産性が低いといわれて、すでに半世紀が過ぎました。日本生産性本部が発行している『労働生産性の国際比較２０２０年』によると、２０１９年の日本の1時間あたりの労働生産性（就業1時間あたりの付加価値）は47・９ドルで、ＯＥＣＤ加盟37カ国中21位となっています。

ちなみに、付加価値とは就業者が労働によって生みだした価値のことです。「付加価値額＝売上高－売上原価」という数式で表すことができます。

主要先進7カ国（米国・ドイツ・カナダ・フランス・英国・イタリア・日本）のなかでは最下位で、データが取得可能な１９７０年以来ずっと最下位が続いています。米国は77・０ドルなので、日本の労働生産性は米国の６割程度だということが分かります。

また、日本の一人あたりの労働生産性（就業者一人あたりの付加価値）についても、ＯＥＣＤ加盟国で26位と低い順位を記録しています。バブル景気だった１９９０年の15位をピークに下降を続け、２０１９年は統計開始以来最も低い順位となりました。

日本の労働生産性が低いことに関して、日本ではサービス業や小売業など接客を伴う業務は、生産効率よりも丁寧・丁重を優先する傾向にあり、生産性が低いともいわれ、それが平均値を引き下げていると考えられます。また、製造業の一人あたりの労働生産性を見ると、英国を上回るものの、ドイツや韓国に後れを取り、ＯＥＣＤ加盟国で16位となっています。

全産業平均の順位よりも高くはなっていますが、製造業に限った場合でも、日本の生産性はほかの先進国と比べて低いというのが現実なのです。

生産性とは何か？

日本生産性本部は「生産性」を８つに分類しています。本書では特に断りのない限り、一人あたりの労働生産性――就業者が一人で1年間に生みだす付加価値額を生産性と呼ぶことにします。つまり、会社が1年間に生みだした付加価値額を就業者数で割ったものが、本書でいう生産性です。

一般的に「生産性」というと、1時間あたりにどれだけの成果物が生みだせるかをイメージする方が多いと思います。例えば「Aさんは1日で3ページのドキュメントを作成でき、Bさんが2ページ作成できるとしたら、AさんはBさんの1・5倍の生産性がある」というような使い方です。これは「1時間あたりの物的生産性」に該当し、一般的にいわれる「生産効率」と同様の意味になります。本書でいう生産性はこれとは異なります。

本書でいう生産性（一人あたりの労働生産性）は、就労者1人あたりが生みだす付加価値額になるので、生産効率が悪くても時間をかければ達成できます。AさんとBさんの例でいえば（ドキュメント1ページあたりの付加価値は同じとして）、Aさんが残業なしで月に480ページのドキュメントを作成したとして、Bさんが80時間残業して同じく480ページのドキュメントを作成しても、同じ生産性ということになります。一般的な生産性とは少し違うかもしれませんが、これは本書を読み進めていくうえでの大前提になります。

生産性の要素とは？

本書でいう生産性は、月や年といった一定の期間でどれだけの付加価値を生むかということであり、残業時間などは考慮しません。効率的な人であれば残業なしで生みだせる付加価値を、効率があまり良くない人だと何十時間も残業しないと生みだせないということもあります。

本書の目的は、データを活用して科学的に生産性を向上させようというものです。しかし、「一人ひとりが生みだす付加価値を増やそう」と言っても、それは単なるスローガンにしかなりません。掛け声だけでは生産性は向上しないのです。生産性が低い状況であれば、原因を把握して、その原因に対して対策を打つことが大切です。そして原因を把握するためには、生産性をいくつかの要素に分解して、それぞれがどうなっているか一つずつ調べるという方法が有効です。

生産性の要素は次の計算式から導きます。

生産性　＝　能力　×　時間　×　パフォーマンス

能力とは、業務を遂行するための基礎的なビジネススキルやリテラシーを指します。計算力や言語能力、コミュニケーション力、文書作成能力、企画力、ITリテラシーなど、教えることが可能で、訓練によって身につくことです。あるいは経験によって身についたノウハウや知恵なども能力に含みます。人は能力に応じて、できる仕事の内容やレベルが変わってきます。

時間は就労時間のことで、仕事にかかった時間になります（残業時間も含みます）。

パフォーマンスは、広い意味をもつ言葉です。主な日本語訳としては、演奏・演技・出来映え・成績・性能などがありますが、ここでは「業務遂行能力」という言葉を充てたいと思います。これは、業務をやり切る力のことです。

これら3つの要素について、例えば能力の高いAさんと、Aさんより能力の低いBさんがいたとします。能力に差があるので、同じ仕事に取り組む場合、AさんはBさんより早く仕事を終えることができます。その場合、Bさんはより長く働くことで、Aさんと同等の生産性となり得ます。

しかし、能力と時間だけでは説明できないこともあります。例えばAさんとBさんでは能力はAさんのほうが高いのに、困難なプロジェクトを任せるとAさんは途中で挫折することがあります。しかしBさんはいつもなんとかしてやり遂げるといったケースです。付加価値を生むということにおいては、能力や時間だけでない第3の要素が必要であり、それがパフォーマンス（業務遂行能力）です。

この3つは掛け算ですので、どれか1つがゼロならば何も付加価値を生みだしません。まったく能力が及ばない仕事を無理に任せても何も生まれません。時間がゼロならいうまでもないでしょう。そしてパフォーマンスがゼロでも何も生まれません。

また、パフォーマンスはメンタルに大きく左右されることが分かっています。わが子がなんらかの災難に巻き込まれて安否が分からなくなったら、普通の人は仕事どころではなくなります。何件も連続して失注し、自信を失っているセールスパーソンに難しい案件の受注は期待できません。残業続きでうつ病の一歩手前になっている人は、そのままではほとんど戦力にならないので、すぐに休ませて、治療に専念させるべきです。このようにストレス等が原因でパフォーマンスが落ちている人は、生産性も極端に落ちることになります。

パフォーマンスを基準に、人材を分類すると、ハイパフォーマー・アベレージパフォーマー・ローパフォーマーの3種類に分類できます。生産性が高い人は「ハイ」、普通の人は「アベレージ」、低い人が「ロー」といった具合です。

「能力」が高く、メンタル面も良好で「パフォーマンス」が高い状態に維持されていれば、その人はハイパフォーマーです。

一方、単純に「能力」が低い場合や、「能力」は申し分ないのになんらかの事情でそれを十分に発揮できない（パフォーマンスが低い）場合は、その人の生産性は低くなるためローパフォーマーに区分されます。

能力開発は行われてきたが、パフォーマンス開発は行われてこなかった

これまで、生産性を上げるためには「能力」を高めればよいということで、企業における能力開発がさかんに行われてきました。新人研修から始まり、毎年一定の時間を社員研修に振り分けている企業が大半です。

また、時間については言わずもがなで、近年でこそ働き方が見直されつつありますが、

日本は長時間労働で生産性を高めようとしてきた歴史があります。

しかし一方で、パフォーマンスを向上させる研修はあまり行われませんでした。なかには幹部候補生を強制的に合宿させて、根性を鍛えるといった研修を受けさせる企業もありますが、少数派です。しかも、こうした研修ではあまり効果はありません。なぜなら、そういったケースの多くは、パフォーマンスに関するデータの分析なしに、精神論を押し付けているだけだからです。

では、なぜパフォーマンス開発は行われてこなかったのでしょうか。それは、パフォーマンスを向上させようにも、そもそもパフォーマンスを測定する方法が分からなかったからです。

能力であれば、なんらかの測定ができます。例えばテストを実施すれば、その結果の点数によってその人の能力が分かります。点数が高い人は能力が高く、点数の低い人は能力が低いといったように、非常にシンプルです。また、点数が低い人であっても、研修会に参加したり、自主的な勉強を促したりすれば、それが能力の向上につながり、生産性を高めることができます。

時間についても、会社が従業員の労働時間を把握していれば済むことです。良い悪いはさておき、定時で帰る人に残業をお願いすれば生産性は高まります。

このように、能力や時間は比較的簡単に把握でき、生産性向上のための一手が打てます。しかし、パフォーマンスについては、そう単純ではありません。パフォーマンスはそれぞれの人のメンタル面の状況などにも左右され、目に見えず、数値化もしにくい要素です。

加えて、知識や経験に基づく能力と違い、パフォーマンスは一時的に高まったり、落ち込んだりすることもあります。見るからにやる気に満ち溢れている人がいたとしても、明日同じような状態を維持できる保証はどこにもありません。

些細なことがきっかけで「今日は仕事に集中できない」といったことは、誰にも経験があるはずです。それが1日で終わればよいのですが、場合によっては長引くこともあり、そうなると慢性的にパフォーマンスが低い状態に陥ってしまいます。

また、従業員が慢性的にパフォーマンスの低い状態にあったとしても、管理者がそれを把握するのは容易ではありません。仮に把握できたとしても、改善させるのはもっと難しいはずです。さらに、たとえ表面上改善されたように見えたとしても、メンタル面の状況に影響されるがゆえに、本当のところは本人にも分からないことがあります。

このように、能力や時間に比べて、パフォーマンスは把握することも向上させることも難しいのです。とはいえ、日本企業が従業員のパフォーマンス向上にまったく着手していなかったかといえば、そうではありません。コンピテンシーに基づいた、ある種逆算のような手段を模索していたのです。

コンピテンシーとは、ハイパフォーマーに共通してみられる行動特性のことです。例えば、ある企業のハイパフォーマーたちに「足りない知識を補うために、高い頻度で読書をしている」といった共通点があった場合、それがその会社にとってのコンピテンシーといえます。

そして、それらコンピテンシーをまとめたものをコンピテンシー・ディクショナリーと呼び、多くの企業はこれを利用することで従業員のパフォーマンスを把握しようとしていたのです。

つまり、ハイパフォーマーたちがどういった行動をしているのかをデータとして集め、それらと同じ行動をしている従業員をハイパフォーマーだと考えるということです。先ほどの例でいえば、「高い頻度で読書をしている人」をハイパフォーマーととらえるのです。

こうすることで、数値として可視化できないパフォーマンスの部分を、逆算的に推し量ることができます。

しかし、この手法にはいくつかの問題点があります。

まず、コンピテンシー・ディクショナリーの用意そのものが難しいことです。業界ごとに、雛型のような標準的なものは存在しますが、同じ業界であっても、ある会社のコンピテンシー・ディクショナリーがほかの会社でも使えるかというと、そんなことはありません。なぜなら業務の進め方は会社ごとに違うからです。業務の進め方が違えば、当然ハイパフォーマーたちの行動も変わってきます。

したがって、ある会社の人事部門がコンピテンシー・ディクショナリーを作成しようと思ったら、自社のハイパフォーマーを集めて討論した結果をまとめるか、人事専門のコンサルティング会社に依頼して、ハイパフォーマー社員へのアンケートや取材を基に作ってもらうという形になります。

ところが、その段階になって新たな問題が生じます。それは、苦労して作成したコンピテンシー・ディクショナリーを見ても、「自分の意志で決断し、結果に責任を負う」というような当たり前のことしか書かれていないことがほとんどだからです。行動指針にはなりますが、どの程度「自分の意志で決断し、結果に責任を負ったのか」を数値的に評価するのは困難ですし、そもそもどうすれば「自分の意志で決断し、結果に責任を負う」ことができるようになるのかも分かりません。

そして最後の問題点は、コンピテンシー・ディクショナリーによる評価を数値化できないことです。目標管理制度がある会社ならば、上司はコンピテンシー・ディクショナリーを見ながら、部下が「自分の意志で決断し、結果に責任を負っていたかどうか」を評価することになります。仮に5段階評価で点数を付けるとしても、極めて定性的で、上司の部下に対する心証に左右される可能性もあります。また5段階評価で2と評価された部下が、上司に対して「3に上げるためにはどうしたらよいでしょうか？」と相談しても、上司は説明できません。

このように、コンピテンシー・ディクショナリーを利用したとしても、従業員のパフォーマンスを「正確に」測定・向上させるのは非常に難しいといわざるを得ません。

そうした問題もあって、日本ではコンピテンシーによる定性的な評価や指導が行われてきましたが、そのやり方でパフォーマンスを向上させることはできませんでした。このことが日本の生産性が向上しない一つの原因だといえます。

日本企業の人事評価は公平・平等な評価を行うことが目的だった

日本の生産性が向上しなかった原因はまだあります。その一つが、日本企業の人事評価そのものの考え方です。日本企業の人事評価は、給与や賞与、あるいは昇格を公平に決めることが最も重要視されていたということです。

どのような会社であっても、同学歴で同期入社した人が定年まで同じ給与・賞与・職級ということはありません。賞与は1年目こそ同じかもしれませんが、2年目以降差がつくのが普通ですし、職級に関しても管理職になれる人となれない人、管理職になったとしても部長になれる人とそうでない人が出てきます。それに伴って給与も違ってきます。出世した人はうれしいでしょうし、出世できなかった人は面白くないのが普通です。

欧米のように転職するのが普通であれば、面白くなかったら退職して、別の会社で再起を図ろうとするでしょう。しかし日本は、かなり崩れてきたとはいえ、まだまだ終身雇用・年功序列が人事制度のベースにある国です。以前はもっとその傾向が強く、トップにいる人たちの多くは終身雇用・年功序列の世界でずっと生きてきた人たちです。

終身雇用の世界では、人事の不平・不満は尾を引きがちで、昇格・昇給には納得のいく理由が必要です。心の底から納得できないとしても、筋が通っていて、反論ができないような人事評価が必要です。

また、ある程度の平等感も必要です。これも昔よりは格差が広がってきたとはいえ、日本は社長と従業員の給与格差が諸外国に比べると極端に小さい国です。週刊ダイヤモンド編集部が2018年に行った調査では、社長と従業員の給与格差が日本で最も大きい会社で41・7倍でした。50位の会社で9・4倍、つまり10倍を割っています。同じ年の米国の平均は361倍ですから、日本はいかに格差が小さいか分かるかと思います。

この「公平な人事」は、ハイパフォーマーには物足りません。平均的なパフォーマンスを仮に100とします。パフォーマンス200の人がいたとして、給料の差がほとんどなければ、「給料分だけ働けばいいや」と思う人も出てきます。本書でいう生産性は、「生産性＝能力×時間×パフォーマンス」です。給料分だけ働くということは、パフォーマンス100の人と同様の生産性を発揮するということですから、能力は変わらないので、時間が短くなります。

時間が短くなることで残業が減るというのであれば、それは良いことですが、勤務時間をもて余して、就業中にネットサーフィンをしたり、インプットと称して自分の興味のある本を読んだりする人も出てくるかもしれません。だとしたらもったいないことです。ハイパフォーマーが本来発揮できる生産性を発揮してもらえないからです。これも日本の生産性が向上しない一つの理由です。

また、「サボる」だけならば、まだよいかもしれません。実際によく起こる問題として、ハイパフォーマーを海外勤務させると、帰国後に転職してしまうという話があります。海外で自分と同世代の人がパフォーマンスを最大限に発揮して活躍し成長しているうえに、高報酬も得ているのを目の当たりにすることになるからです。そうなると、ばかばかしくて今の会社にいることに意義を感じません。海外経験だけ積んで、帰国したらすぐに辞表を出すということがあとを絶たないのです。海外勤務後の退職を防ぐために会社によっては、「海外勤務からの帰国後3年間は転職しない」と一筆書かせるところもあると聞きます。

逆に海外勤務をさせることで、ハイパフォーマーをやる気にさせている会社もあります。ある証券会社では、2年目ぐらいになると、見込みのある社員を9カ月間、海外の15都市に滞在させます。その間、仕事はしなくてもいいから好きなことをやれと言われてロンドンを選んだ若手社員が現地の若手ハイパフォーマーがイキイキと働いている姿を見て、「自分に足りなかったのはパッション（情熱）だ」と俄然発憤し、帰国後、バリバリ仕事をし始めたそうです。給与に関しては歩合制になるのですが、本人たちは納得して受け入れ、結果的に高額の歩合を受け取ることで収入面での満足感も得ています。

公平・平等ではなくハイパフォーマーを引き上げる

日本の人事には公平・平等な評価・処遇を与えようという目的意識はありましたが、人事によって生産性を高めようという考え方はありませんでした。そこが実は諸外国、特にほかの先進諸国と違うところです。

人事部の英訳を調べると、“Human Resource Department”という訳が出てきます。略すとＨＲです。このＨＲという言葉は、日本でもこの20年ぐらいでかなり普及しました。そのため、人事部をＨＲと表記したり呼称したりすることに違和感がない人は多いと思います。

しかし、人事とＨＲは本来違うものです。「人事」は労務管理というべきもので、このなかには採用、勤怠管理、給与計算、昇進・昇格、福利厚生などが含まれます。一方「ＨＲ」は人材育成というべきものです。こちらには、研修やキャリアプラン、あるいはコーチングなどが含まれます。もちろん日本の人事部にもＨＲの機能はありますし、海外のＨＲにも人事の機能はあります。一方、日本の場合、重点は「人事」におかれてきました。したがって公平・平等を旨とする考え方が強く、人材を育成することで企業の生産性を高めるという考え方が弱かったといえます。

それが海外では、ＨＲすなわち人材育成がメインであり、いかにして就労者の生産性を高めるかということに心を砕いてきました。この差が、何十年にもわたる日本の生産性低迷の大きな原因になっています。

例えば海外では、ハイパフォーマーには高給と地位をもって待遇します。大学院を出たてのハイパフォーマーが、日本円にすると何千万円もの高給で迎えられることは珍しくありません。日本ではどんなに優秀でも新卒で数千万円という給料を出す会社はなかなかありません。それどころか、修士や博士卒が生涯賃金では不利という傾向さえありました。

海外でハイパフォーマーに対して好待遇を与えるのは、ハイパフォーマーに十分力を発揮してもらうことが生産性向上につながることを理解しているからです。先ほどの例で、パフォーマンスが100の人と200の人を比較しましたが、プログラマーや先端技術のエンジニアなどはもっと差が出る場合があります。パフォーマンスが常人の10倍の人がそのとおりのパフォーマンスを発揮してくれれば、その人一人で10人分の付加価値を生み出すわけです。そのような人が何人もいれば、企業の生産性は自然と高まります。しかし日本式の公平・平等な人事制度では、ほかの人と同等ということはなくても、せいぜい1・5倍〜2倍程度しかパフォーマンスを発揮してもらえなくなります。同じ10倍のパフォーマンスの人が、海外では10倍の付加価値を生むのに、日本ではせいぜい2倍しか生んでくれません。当然ながら、海外との生産性格差は広がる一方です。

まずはハイパフォーマーに対して、それにふさわしい処遇をします。それだけで、日本の生産性はかなり高くなるはずです。

ローパフォーマーも引き上げる

もう一つ日本の人事の問題点は、ローパフォーマーを、「飼い殺し」にしてしまうことです。日本企業は、40代半ばから50代にかけてのシニア層にローパフォーマーが多く見られる傾向があります。

その要因としては、１９８０年代後半以降著しく進展したＩＴ化が挙げられます。特に１９９０年代半ばのインターネットの爆発的な普及は、生活だけでなく仕事のやり方も大きく変えています。シニア層は新しい仕事のやり方についていけず、この頃からシニア層のローパフォーマーが増え始めたのです。その傾向は今も続いており、ここ数年のデジタル化の波でさらに拍車が掛かっています。

そのためシニア層を「お荷物」のように思っている企業は多く、業績不振でリストラする際には、まずシニア層から早期退職の勧告をするケースが目立ちます。一方で、ローパフォーマーと思われていたシニア層を再生し、ハイパフォーマーやアベレージパフォーマーに引き上げた会社はいくつもあります。

ローパフォーマーはシニア層だけではなく、若手にも中堅層にもいます。もちろん彼らを引き上げていく必要があります。若手や中堅のローパフォーマーを引き上げるには、実はハイパフォーマーの力が必要です。そのため、順番としては、ハイパフォーマーを引き上げ、続いてローパフォーマーを引き上げるほうが理に適っているといえます。

パフォーマンス向上に必要なこととは？

これまで日本企業では、パフォーマンスの低さを時間で補ってきました。時間外労働の上限はここ数十年でずいぶん減ったとはいえ、サービス残業も実際には多く、管理職に至っては実質的に上限時間がありません。しかし「働き方改革」が叫ばれるなか、いつまでもそんなことを続けていられません。さらにいえば、パフォーマンスを一時的にせよ、下げることにもつながるのです。

　これからの日本企業は、労働時間に頼らずに生産性を上げなければなりません。能力開発は今までもやってきましたし、時間は減りこそすれ増えることは考えにくい方向にあるので、あとはパフォーマンス向上だけです。そのうえで、パフォーマンスを向上する方法について知り、実践していかなければなりません。

　言い換えると、データに基づいた科学的な人事（ＨＲ）に取り組まなければならないということです。

［第2章］

人事担当の能力に左右されない〝科学的〟な人事とは――

“科学的”とは？

科学的という言葉を辞書で調べると、「考え方や行動のしかたが、論理的、実証的で、系統立っているさま」（デジタル大辞泉）とあります。だいたいどの辞書を見ても同様の定義ですが、このなかでも「実証的」という部分が重要だと考えます。実証的とはどういうことか、これも辞書で調べると、「思考だけでなく、体験に基づく事実などによって結論づけられるさま」とあります。事実とはデータのことと言い換えられます。データに基づいて仮説を立て、その仮説を検証していく作業を積み重ねることが科学的といえることなのだと思います。

科学的であるということは「反証可能」であるともいえます。これは宗教との対比でよくいわれることです。宗教においては、基本的に神様や教祖の言うことは絶対です。それに逆らうことは許されません。しかし科学であれば、定説になっている学説であっても反例が出てくれば否定されます。アインシュタインの相対性理論の登場でニュートン力学が否定されたのがその例です。ここでは、自分の考えや理論が絶対に正しいと思い込むのではなく、否定的な実例が出てきたら、理論を修正し、進化させていく態度が求められるという意味だととらえます。

もう一つ重要なことは、「再現性」があるということです。同じ手順を正しく踏めば、誰がやっても同じ結果が得られることも、科学的であることの重要な条件です。ＳＴＡＰ細胞が結局否定されたのは、発見者以外はもちろん、発見者本人も再現性を証明できなかったからです。

まとめると、科学的とは次の３つが満たされることです。

①データに基づく

データに基づいて仮説・検証を繰り返して科学的事実に迫るという行為を積み重ねる

②反証可能

否定的な実例が出てきた際には、論理を見直して進化させていく

③再現性がある

同じ手順を正しく踏めば、誰がやっても同じ結果が得られる

人事に〝科学的〟を当てはめる

人事を科学的に考えていくうえで、まず「データに基づく」ということについて考えてみます。

これまでほとんどの日本企業は、人事担当者や上司の勘と経験に基づいた人事評価をしてきました。もちろん売上目標に対する実績値など、数字で評価される部分はありましたが、それらの数字だけで評価する「いき過ぎた実績主義」が企業を疲弊させるということが1990年代から2000年代にかけて分かってきました。その結果、実績だけの評価ではダメだということで、実績とパフォーマンスの両方で評価しようという気運が生まれました。そこでパフォーマンスの高い人材の行動様式であるコンピテンシーを定義し、それによって評価しようという取り組みが多くの企業で見られるようになりました。しかしコンピテンシーは、どうしても定性的で抽象的なものにならざるを得ません。コンピテンシーによる評価は結局、上司や人事担当者の勘と経験に基づくものになっていったのです。

コンピテンシーに価値がないわけではなく、行動指針としては今でも重要性があります。

しかし大切なことは、どのような人がハイパフォーマーの行動様式で動くことができるのかを客観的なデータで評価することです。例えば「自分の意志で決断し、結果に責任を負う」というコンピテンシーのレベルが高い人は、どういう数値的な属性をもっているかを明らかにし、その数値データで評価するということが必要になります。

次に「反証可能」について、反証可能とは、これまでの理論で説明できないデータが出てきたら、それで理論を見直し、進化させていくことです。これは勘と経験による「思い込み」で決めつけることと真逆な態度を取るということです。「データに基づく」ということとも共通しています。

最後に「再現可能」ですが、これは、業界や会社が変わったら成立しない方法は採用しないということです。どの業界、どの会社でも同じ方法が使えることが科学的な人事の条件です。

それに共通するのは、人事担当者や上司の能力とは関係がないということです。データに基づいて評価し、それに基づいて人材配置を検討するということなので、理由を求められても説明可能であり、透明性も高くなります。

しかし本書で言いたいのは、公平な人事ではありません。結果として公平な人事になりますが、目的はあくまで人材のパフォーマンスを最大限に引き出し、一人ひとりの生産性（一人が1年間に生みだす付加価値額）を高め、会社全体でより多くの付加価値を生みだすことです。

それに加えて、昨今では「働き方改革」で労働時間の短縮が求められ、コロナ禍でリモートワーク環境が広く普及しました。こうした条件下でも、人材のパフォーマンスが高められることを目指しています。

日米の生産性の差はどこに起因するのか？

『労働生産性の国際比較２０２０』によれば、２０１９年の日本の一人あたりの労働生産性（就業者が一人で1年間に生みだす付加価値額）は8万１１８３ドル（８２４万円）でＯＥＣＤ加盟国中26位です。それに対して米国は13万６０５１ドル（１３８１万円）で同3位となっています。およそ１・７倍の開きがあります。

このような差は、単に就業者の能力の差だけでつくものではありません。社会や企業における生産性に関する考え方に大きな違いがあると考えられます。実際、米国と日本との生産性に関する考え方は大きく異なります。

例えば米国のビジネスパーソンには生産性を高めようという強い意志を感じることがたびたびあります。やるべきことの優先順位を明確にせよとは日本のビジネスパーソンの多くもいいます。しかし日本人の多くは優先順位を付けるのがそもそも苦手で、結局すべてのタスクを、残業してでもやりきってしまうことが多いと感じます。その点米国のビジネスパーソンは優先順位を明確にしますし、優先順位の低いことは大胆に割り切ってしまいます。

説明の仕方に関しても、常に結論を先に言うように心掛けています。ダラダラと説明することで、話すほうと聞くほうの双方の時間を奪うようなことはタブーとされます。誤解が生じる余地をそぎ落とす単刀直入なコミュニケーションが徹底されています。要するにムダな時間は一切使わないという考え方が徹底しているのです。

日本の製造現場の成功体験が足かせになっている部分もあるかもしれません。日本の製造業の効率性は長らく他国を圧倒してきました。そのため日本では生産性が「工場のオペレーションの効率化」であるかのようにとらえられてきました。そのため工場以外の分野、例えばオフィスや店舗などにおける生産性向上については、あまり関心をもたれてきませんでした。その結果、製造業については海外と比較してもそれほど見劣りはしませんが、そのほかの産業については大きく見劣りしています。さらにいえば、製造業でも工場の生産性が高くてもオフィス等の生産性がそれほど高くない分、他の先進国にトータルでは勝てないという状況になっています。

経営判断においても、欧米企業の多くは、事業ポートフォリオや商品・サービスの取捨選択の際に付加価値の低いものは早めに切り捨て、高い付加価値が見込める分野に資源を集中していくということを徹底します。その結果、企業全体の生産性が高まることになります。一方で日本企業は、不採算事業をなかなか切り離すことができません。

米国企業の経営判断には、経営資源を生産性の高い分野に集中させて企業価値を高めるという基本的な考え方があります。その考え方を突き詰めると、企業価値の指標として時価総額が重要視されることになります。しかし日本では時価総額よりも売上や従業員数、資本金など会社の規模が重視される傾向があります。

人材育成に関しても大きな違いがあります。米国では、「成長する＝生産性を上げる」ことと考えられています。つまり成長するとは、新たな知識や技術を習得することではなく、それらを駆使して仕事の生産性を上げることができたかどうかということであり、それがすべてなのです。

このように生産性に関する理解や取り組みのレベルは日米で大きく異なっています。日本企業が米国企業と同じスピードで成長し競い合うためには、生産性に関する認識を、根底からそして早急に変える必要があるのです。

日本でも長時間労働は企業にとっても社会にとっても問題だと認識されるようになりました。「働き方改革」でも課題に挙げられています。しかし解くべき課題は「長時間労働」ではなく、働いている人の生産性が低いまま放置されていることです。売上を伸ばす方法として、社員をより長く働かせること以外の手段を思いつかない経営者、あるいは長時間労働以外の方法では付加価値を生みだせない古いビジネスモデルが大きな問題なのです。

仕事ができる人とは生産性の高い人のことであり、成長するとは生産性が高くなること——これがポイントです。人材育成の目的とは個々人の生産性を高めるための支援をすることであり、成長したかどうかはその人が生みだした付加価値で測られるべきものなのです。

そしてこの考え方に基づく人材育成に取り組んでいかなければ、日米の生産性の差は永久に埋まりません。ただし「支援をする」といっても、経験と勘に基づいた支援ではこれまでの繰り返しとなります。データに基づいた科学的な支援が、今必要とされているのです。

ストレスチェックのデータで分かる組織の違い

データを人事に活用することについてイメージしてもらうため、ストレスチェッカーから得られたデータの活用例を示します。図表1は、ストレスチェックの結果、2つの製造グループを対象に、それぞれのメンバーが今後メンタル疾患になるリスクがどれだけあるのか、その原因は何かを分析するためのものです。

図表には「増強要因」「緩和要因」「対処能力」の3つがあります。1つ目の「増強要因」は、ストレスを強める要因、いわゆるマイナスの要素で、こちらが強いとうつ傾向に

［図表1］ リスク要因分析

※20％以上を太字斜体、40％以上を下線赤字

1G ↑ / ↓ 2G

	増強要因：将来リスク			緩和要因：将来リスク			対処能力：将来リスク				
	業務量が多い	業務が難しい	人間関係が難しい	業務の決定権がない	業務の達成感がない	周囲の支援がない	自己信頼度（SE）が低い	前向き度（SOC）が低い	有意味感が低い（SOC詳細）	把握可能感が低い（SOC詳細）	処理可能感が低い（SOC詳細）
1G team01	50.0%	60.0%	70.0%	0.0%	0.0%	20.0%	30.0%	20.0%	10.0%	10.0%	40.0%
1G team02	0.0%	0.0%	0.0%	0.0%	40.0%	20.0%	20.0%	0.0%	0.0%	0.0%	0.0%
1G team03	42.9%	71.4%	28.6%	14.3%	14.3%	28.6%	57.1%	28.6%	14.3%	42.9%	42.9%
1G team04	25.0%	50.0%	37.5%	12.5%	25.0%	12.5%	37.5%	25.0%	37.5%	12.5%	25.0%
1G team05	30.0%	40.0%	30.0%	0.0%	0.0%	50.0%	50.0%	20.0%	40.0%	30.0%	20.0%
1G team06	66.7%	46.7%	40.0%	20.0%	20.0%	13.3%	26.7%	13.3%	33.3%	13.3%	13.3%
1G team07	46.2%	46.2%	23.1%	7.7%	0.0%	7.7%	30.8%	30.8%	38.5%	30.8%	15.4%
1G team08	57.1%	57.1%	33.3%	4.8%	23.8%	14.3%	23.8%	14.3%	19.0%	9.5%	9.5%
1G team09	35.3%	47.1%	23.5%	5.9%	23.5%	17.6%	41.2%	35.3%	35.3%	29.4%	35.3%
1G team10	0.0%	0.0%	20.0%	0.0%	40.0%	0.0%	0.0%	20.0%	20.0%	0.0%	40.0%
1G team11	40.0%	20.0%	20.0%	0.0%	20.0%	20.0%	60.0%	0.0%	20.0%	0.0%	20.0%
1G team12	0.0%	22.2%	0.0%	0.0%	22.2%	11.1%	33.3%	11.1%	11.1%	0.0%	11.1%
2G team01	0.0%	0.0%	[illegible]	20.0%	0.0%	20.0%	20.0%	0.0%	0.0%	0.0%	20.0%
2G team02	40.0%	50.0%	[illegible]	0.0%	20.0%	10.0%	40.0%	30.0%	40.0%	20.0%	40.0%
2G team03	44.4%	55.6%	[illegible]	0.0%	11.1%	0.0%	11.1%	44.4%	22.2%	44.4%	44.4%
2G team04	66.7%	66.7%	[illegible]	0.0%	0.0%	11.1%	22.2%	33.3%	33.3%	33.3%	11.1%
2G team05	28.6%	28.6%	0.0%	[illegible]	14.3%	0.0%	28.6%	42.9%	14.3%	28.6%	28.6%
2G team06	40.0%	30.0%	10.0%	[illegible]	10.0%	20.0%	20.0%	10.0%	30.0%	10.0%	10.0%
2G team07	7.1%	7.1%	0.0%	[illegible]	7.1%	14.3%	28.6%	14.3%	21.4%	7.1%	0.0%
2G team08	46.2%	38.5%	23.1%	[illegible]	7.7%	15.4%	30.8%	15.4%	7.7%	30.8%	23.1%
2G team09	50.0%	64.3%	7.1%	[illegible]	0.0%	7.1%	28.6%	14.3%	21.4%	14.3%	7.1%
2G team10	21.4%	64.3%	14.3%	[illegible]	[illegible]	14.3%	35.7%	28.6%	28.6%	35.7%	21.4%
2G team11	38.5%	38.5%	15.4%	[illegible]	[illegible]	23.1%	30.8%	23.1%	30.8%	23.1%	23.1%
2G team12	18.2%	45.5%	45.5%	[illegible]	[illegible]	9.1%	45.5%	18.2%	36.4%	27.3%	0.0%

	増強要因：将来リスク			緩和要因：将来リスク		
	業務量が多い	業務が難しい	人間関係が難しい	業務の決定権がない	業務の達成感がない	周囲の支援がない
1G team01	50.0%	60.0%	70.0%	0.0%	0.0%	20.0%
1G team02	0.0%	0.0%	0.0%	0.0%	40.0%	20.0%
1G team03	42.9%	71.4%	28.6%	14.3%	14.3%	28.6%
1G team04	25.0%	50.0%	37.5%	12.5%	25.0%	12.5%
1G team05	30.0%	40.0%	30.0%	0.0%	0.0%	50.0%
1G team06	66.7%	46.7%	40.0%	20.0%	20.0%	13.3%
1G team07	46.2%	46.2%	23.1%	7.7%	0.0%	7.7%
1G team08	57.1%	57.1%	33.3%	4.8%	23.8%	14.3%
1G team09	35.3%	47.1%	23.5%	5.9%	23.5%	17.6%
1G team10	0.0%	0.0%	20.0%	0.0%	40.0%	0.0%
1G team11	40.0%	20.0%	20.0%	0.0%	20.0%	20.0%
1G team12	0.0%	22.2%	0.0%	0.0%	22.2%	11.1%

注）緩和要因は％が小さいほどストレスを感じにくい人が多い。

なりやすくなります。２つ目の「緩和要因」はプラスの要素で、こちらが強いとストレスを感じにくく頑張ることができます。例えば、増強要因が強く、緩和要因が弱い場合、メンタル疾患で休職や離職する人が多く出る傾向があります。

一方、増強要因と緩和要因の両方が強い場合、マイナス要因も強いですが、実は多少辛くても頑張れる「活性化」された職場になります。仕事は大変ですが、やりがいのある職場ということです。ストレスはないほうがよいのではなく、適度にありつつ、それを緩和する要因も同時に存在することで、活気とやりがいのある職場に生まれ変わるのです。

３つ目の「対処能力」は、ストレスに対処するための能力のことです。これらは、パフォーマンスを測定する指標でもあります。パフォーマンスすなわち業務遂行能力が高い人は、遂行能力を維持する感覚が優れているため、結果的にストレスに対処することも上手なのです。

２つのグループの増強要因を比較すると、「業務量が多い」と感じている人や「業務が難しい」と感じている人はだいたい同じ割合になっています。実際、両グループは、ブランドは違うものの同じような機能・構造をもつ製品を作っています。

ところが「人間関係が難しい」を見ると、明らかな違いがあります。

グループ1のほとんどのチームで20％以上の人が「人間関係が難しい」と答えているのに対して、グループ2では半分以下のチームしか当てはまりません。

緩和要因は、「業務の決定権がない」と感じている人や「周囲の支援がない」と感じている人が、どちらもそれほどいません。これは、やらされ感や孤立感を感じている人が少ないということです。ですが「業務の達成感がない」という項目に関しては、その差がはっきりしています。グループ2で達成感がないと感じる人が20％以上を占めているのは12チーム中わずか1チームですが、グループ1では12チーム中8チームもあります。

つまりグループ1では、増強要因がすべての項目で悪く、緩和要因は1項目（達成感）が悪くなっています。グループ2では増強要因すべての項目のうち2つが悪く、緩和要因はすべての項目で割合が低く良い結果です。増強要因が強くストレスフルで、緩和要因の働きが弱い職場（グループ1）はメンタル疾患になりやすいといえます。

また、パフォーマンスを示す対処能力を比較すると、「自己信頼度（SE）が低い」では両グループとも20％を超えていますが、グループ1ではパフォーマンスが落ちた人が40％以上を占めている危険なチームが4つもあります。自己信頼度は、自分の能力を信じる力です。分かりやすくいえば、「自分は仕事ができると思っている」ということです。どちらのグループも業務量が多く、業務が難しいと感じる人も多い状態が長く続いているため、自己信頼度が低くなる傾向にあるのですが、同じような条件でも緩和要因が悪くパフォーマンスの落ち込み度合いが高いグループ1のほうが、メンタル疾患になるリスクが高いということが、このデータから分かります。

違うのはグループ長だけ

グループ1とグループ2では、同じような業務をしており、同じように忙しく、同じように難しい仕事をしています。私たちはその2つのグループの違いを明確にするため、まずそれぞれのチームリーダーについて分析しましたが、はっきりした違いは認められませんでした。次にグループ長を比較したところ、グループ1のグループ長よりもグループ2のグループ長のほうがハイパフォーマーだということが分かったのです。これはデータから明確に区別がつきました。

その違いは、グループ長のキャラクターにも表れていました。グループ2のグループ長は、親分肌で人望があり、ストレスフルな職場環境であっても部下が感じるストレスを抑えつつ、やりがいを感じさせるマネジメント上手のハイパフォーマーでした。

グループ長がハイパフォーマーであれば、その職場は活性化される傾向がありますし、ローパフォーマーであれば、その職場は活気がない傾向があることが分かっています。

しかし、従来の日本の人事では、パフォーマンスのデータに基づいて、グループ長を選抜するといったことは行われません。この会社でも前任者の推挙といった、まさに勘と経験に基づく根拠によってグループ長が決められてきました。

おそらく日本中でこのような人事が行われていると思われます。根拠のない人事でその地位についたグループ長が、メンバーを苦しめています。なかには自分がリーダーにふさわしくないという自覚から、大きなストレスを抱え、達成感のない毎日を送っているリーダーもいます。勘と根拠に基づく人事がグループ長やメンバーといった立場と関係なく、多くの人を苦しめているわけです。

このようなことを1日も早くやめ、あらゆる企業が人材のパフォーマンスを高めていく施策を採らないと、日本経済はますます弱くなっていくと思います。

［第3章］

人事を科学する——
ストレス値をもとに
社員の能力を分析せよ

社員が抱えるストレス量がパフォーマンスに影響を与える

不安や心配事——例えば家族が大病をしたり、離婚の危機だったり、不景気でいつリストラが始まるか分からなかったり、あるいはコロナ禍のようないつ終わるか分からない災厄の真っ最中といったことがあると、仕事が手につかなくなってしまうかもしれません。またそういった不安や心配事が原因で睡眠不足となり、日中眠くてたまらなくなれば、仕事の効率が著しく落ちてしまうということもあり得ます。プロジェクトが大幅に遅れて、残業続きとなり、徹夜や休日出勤も当たり前という状態になれば、心が折れて仕事どころでなくなる人も出てきます。あるいは仕事が難し過ぎて、投げやりになってしまい、いつまで経ってもその仕事が終わらないということもあるでしょう。上司や同僚と折り合いが悪い、顧客から信頼されていないなど人間関係の悩みで仕事の効率が下がることも多いと思います。

不安や心配事、睡眠不足、難航する仕事、人間関係の悩みなどはすべてストレス要因になります。このようにストレスによってパフォーマンスが下がるということは、誰もが日常的に感じていることではないかと思います。

ただ、同じように忙しく、同じように難しい仕事をしているのに、かたや活気がある職場があり、かたやメンタルヘルス不調で従業員が休職するリスクが高い職場もあります。この違いを生む原因を知っておくことが重要です。原因を知らないで画一的な対応をすると、活気のある職場の活気を奪ったり、リスクの高い職場のリスクをさらに高めたりすることになってしまうからです。

厚生労働省のストレスチェック推奨57項目だけでは分からない2つの指標

厚生労働省は、「職業性ストレス簡易調査票（57項目）」というチェックリスト（図表2）を提供しています。このチェックリストへの回答を分析すると、メンタルヘルス不調に陥るリスクを計算することで、高ストレス者を判定できます。ただし従業員個人の回答結果を企業に提供することは、個人情報保護の観点からできません。どの職場にどれくらいリスクを抱えている人がいるのか集計した結果（集団分析結果）を示すことしかできない決まりになっています。

[図表2] 職業性ストレス簡易調査票（57項目）

A あなたの仕事についてうかがいます。

1. 非常にたくさんの仕事をしなければならない
2. 時間内に仕事が処理しきれない
3. 一生懸命働かなければならない
4. かなり注意を集中する必要がある
5. 高度の知識や技術が必要なむずかしい仕事だ
6. 勤務時間中はいつも仕事のことを考えていなければならない
7. からだを大変よく使う仕事だ
8. 自分のペースで仕事ができる
9. 自分で仕事の順番・やり方を決めることができる
10. 職場の仕事の方針に自分の意見を反映できる
11. 自分の技能や知識を仕事で使うことが少ない
12. 私の部署内で意見のくい違いがある
13. 私の部署と他の部署とはうまが合わない
14. 私の職場の雰囲気は友好的である
15. 私の職場の作業環境（騒音、照明、温度、換気など）はよくない
16. 仕事の内容は自分にあっている
17. 働きがいのある仕事だ

C あなたの周りの方々についてうかがいます。

次の人たちはどのくらい気軽に話ができますか？

1. 上司
2. 職場の同僚
3. 配偶者、家族、友人等

あなたが困った時、次の人たちはどのくらい頼りになりますか？

4. 上司
5. 職場の同僚
6. 配偶者、家族、友人等

あなたの個人的な問題を相談したら、次の人たちはどのくらいきいてくれますか？

7. 上司
8. 職場の同僚
9. 配偶者、家族、友人等

D 満足度について

1. 仕事に満足だ
2. 家庭生活に満足だ

B 最近1か月間のあなたの状態についてうかがいます。

1. 活気がわいてくる
2. 元気がいっぱいだ
3. 生き生きする
4. 怒りを感じる
5. 内心腹立たしい
6. イライラしている
7. ひどく疲れた
8. へとへとだ
9. だるい
10. 気がはりつめている
11. 不安だ
12. 落着かない
13. ゆううつだ
14. 何をするのも面倒だ
15. 物事に集中できない
16. 気分が晴れない
17. 仕事が手につかない
18. 悲しいと感じる
19. めまいがする
20. 体のふしぶしが痛む
21. 頭が重かったり頭痛がする
22. 首筋や肩がこる
23. 腰が痛い
24. 目が疲れる
25. 動悸や息切れがする
26. 胃腸の具合が悪い
27. 食欲がない
28. 便秘や下痢をする
29. よく眠れない

出典：厚生労働省「職業性ストレス簡易調査票（57項目）」

［図表3］ストレス対処能力の構造

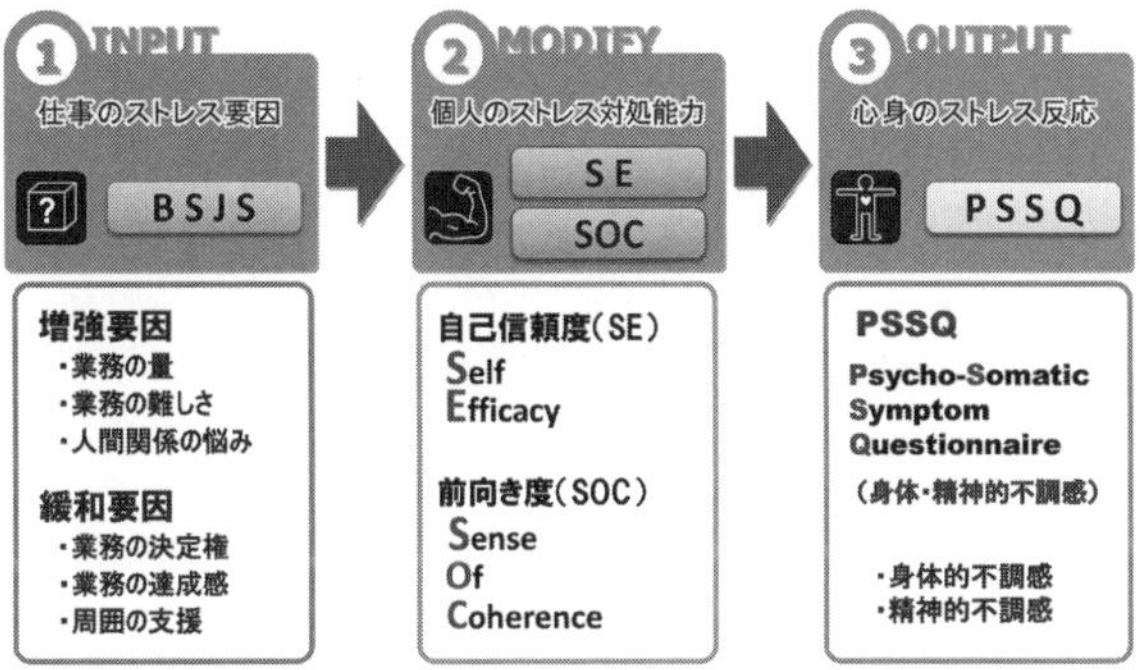

この57項目から分かるのが、仕事のストレス状況です。ストレスの原因と考えられる要因には、仕事の多さ（量）、仕事の難しさ（質）、身体的負担度、対人関係ストレス、職場環境ストレス、コントロール度、技能の活用度、働きがいの8つが含まれています。また、ストレス反応に影響を与える要因として、上司、同僚、家族・友人による支援および職場と家庭に対する満足度があります。

一方、私たちは、厚生労働省57項目版以外に個人のストレス対処能力を計算することができる質問項目を加えています（図表3）。

質問の種類は、①仕事のストレス要因、②個人のストレス対処能力、③心身のストレス反応の3つに大きく分かれます。まず、①ストレス要因には大きく増強要因と緩和要因の2つがあります。それぞれ、ストレスを増強させる要因と緩和させる要因です。仕事のストレス増強要因には、仕事量の多さ（量的負荷）、仕事の難しさ（質的負荷）、人間関係の難しさが含まれています。また緩和要因には、業務の決定権（裁量権）、業務の達成感、周囲（上司や部下）の支援があります。

増強要因によるストレスが強いからといって、そう簡単に仕事を減らしたり、人を増やしたりすることはできません。それでは、人を増やさず、仕事を減らさず、ストレスを減らすためにはどうすればよいでしょうか。その答えは緩和要因にあります。緩和要因が強ければ、結果としてストレスは小さくなります。

例えば、部下に業務を与えるときに、決定権や裁量権を与えること、すなわち仕事の進め方や仕事のペースをある程度本人に任せることで、やらされ感（主観的なストレス）がぐっと下がります。また、仕事を嫌々やらせるのではなく、目の前の仕事に興味がもてるように、意味や意義についてあらかじめよく理解させたうえで取り組ませることで、やりがいや達成感が得られ、その結果、ストレス感は減ります。

このように、緩和要因を上手にマネジメントに組み込むことで、部下や職場のストレスをコントロールすることができます。同じような量で、同じような難しさの仕事をしていながら、職場の活気が違う場合には、緩和要因によってストレスを上手にマネジメントしていることが考えられます。

次に、②個人のストレス対処能力には、自己信頼度と前向き度の2つがありますが、これについては後述します。

最後に③心身のストレス反応は、身体的不調感と精神的不調感の2つがあります。身体的不調感とは、例えば頭痛・腹痛・めまい・吐き気・胃十二指腸潰瘍・不眠・動悸などを指します。また精神的不調感とは、無気力・無感情・情緒不安定などです。ストレス要因の強さが同じでもストレス対処能力が高ければ、不調感が出ないこともありますし、出てもそれほど気にならないレベルに留まります。逆にストレス対処能力が低ければ、ストレス要因が弱くても不調感が表面化してしまうことがあります。

仕事のストレス要因の種類と強さが同じでありながら、職場の活気に違いが出る場合、個人のストレス対処能力の違いが影響していることがよくあります。ストレス対処能力が高い人の比率が多い場合、特にリーダーのストレス対処能力が高ければ、職場に活気が生

［図表4］ストレス対処能力の関係

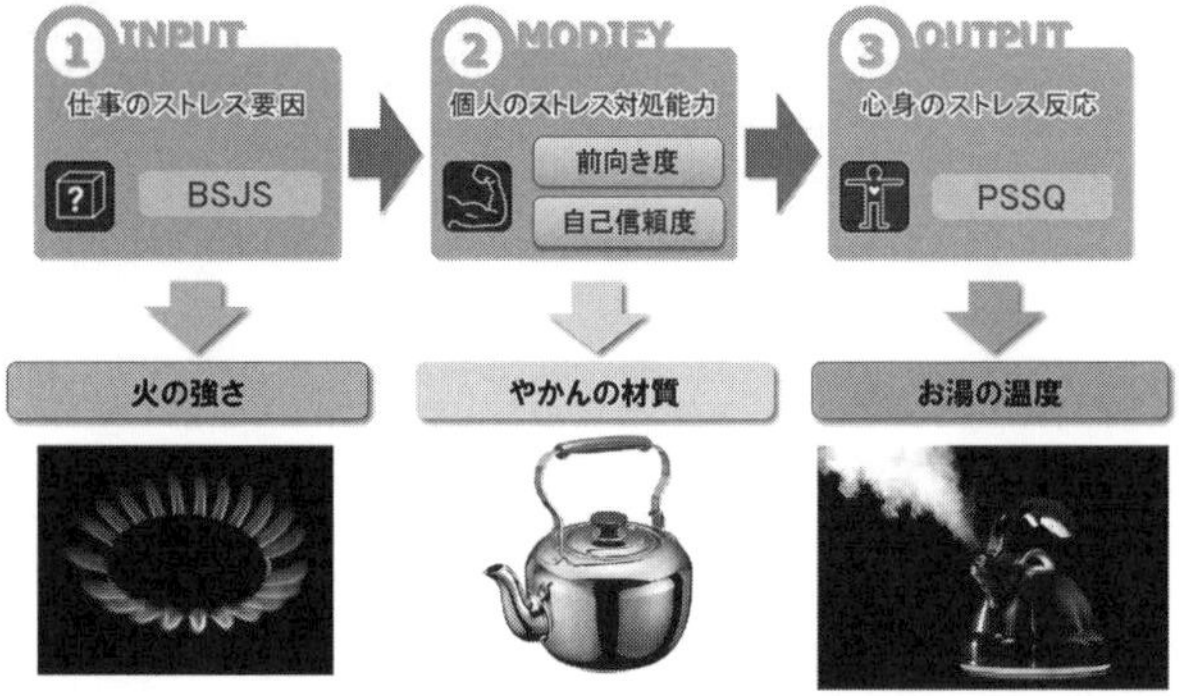

まれるとともに、部下の対処能力も伸びて強くなることが分かっています。

ここで、①仕事のストレス要因を「火の強さ」、②個人のストレス対処能力を「やかんの材質」、③心身のストレス反応を「お湯の温度」に例えてみます。

火が強い（ストレスが強い）と、お湯の温度が早く上がり（ストレス反応が早く出）ますが、やかんの材質がお湯が沸きにくいものでできていると、湯温が上がりにくく（ストレス反応が出にくく）なるという関係にあります。

つまり、ストレス増強要因でストレスの強さが分かり、ストレス緩和要因でストレスを抑える力の強さが分かります。それに個人のストレス対処能力を加味すると、最終的な心身のストレス反応が「見える化」されます。

対処能力というのは、ストレスに対処するための能力のことですが、別の角度から見ると、パフォーマンス（業務遂行能力）が高い人は、それを常に維持したり、仮に一時的に落ち込んだりしても元に戻す感覚が優れています。強いストレスに直面したときのパフォーマンスの回復が上手なため、結果的にストレスへの対処も上手なのです。

「生産性＝能力×時間×パフォーマンス」という計算式に基づいて言えば、18年間のストレスチェック事業で得られたビッグデータの解析から、このパフォーマンス（業務遂行能力）の正体（作用や働き）を自己信頼度と前向き度でとらえることができます。

これらを数値化することで、いわゆるコンピテンシーと呼ばれる概念とオーバーラップする領域を定量的に評価できるようになるものと考えています。

個人のストレス対処能力とは？

パフォーマンスの定量化に応用できそうな指標である個人のストレス対処能力の自己信

頼度（自己効力感）は、1980年代にスタンフォード大学教授であった、カナダ人心理学者のアルバート・バンデューラ博士（A. Bandura）により提唱された概念です。行動を起こす際の先行要因として「結果予期」と「効力予期」の2つの要素があります。

結果予期とは、目的達成のために何をすればよいのかという対処行動についての理解度を把握する指標で、仕事でいえば、何をどんな順序で実施すれば、その仕事を成し遂げられるか知っている人ほど打たれ強いということです。

効力予期とは、その対処行動を実際に遂行できるという期待を自分に対してもっている人ほど打たれ強いということです。

要するに、まずやり方を知っているかどうか、かつ知っていてそれが自分にできると思えるかどうかが自己信頼です。

入社したての新入社員は、仕事のやり方を初歩から教わり、また自己学習しますが、結果予期が低いためにストレスに対してうまく対処できません。それが3年も経てば、自分にはできると思えるようになる、つまり自己信頼度（結果予期）が高くなるためストレス対処能力も高まります。

一方、勤続10年のベテラン社員は仕事のやり方を熟知するだけでなく、この会社の仕事なら大抵のことは自分にできると思えるようになり自己信頼度（効力予期）が高まります。

続いて、もう一つの要素である前向き度（首尾一貫感覚）は、健康社会学者アーロン・アントノフスキー博士（A. Antonovsky）により発表された概念です。アウシュビッツ収容所で過酷な体験をしたユダヤ人の7割になんらかの健康問題が生じ、残り3割は究極のストレスを経験しても、心身の健康を保ち明るく前向きに生きました。その人たちに共通している特性を研究した結果、前向き度（首尾一貫感覚）を発見しました。これには「有意味感」「把握可能感」「処理可能感」の3つの要素があります。

有意味感とは、どんなにつらいことに対しても、なんらかの意味を見出せる感覚です。人間、こんなことをして何か意味があるのかと思えば無力感に囚われ、不調に陥ります。逆に同じことをしていても「これは滅多にできない貴重な経験だ」というように新たな意味を見出せるとやる気が出てきます。

把握可能感とは、直面した困難な状況を秩序だった明確な情報と受け止められる感覚です。例えば明日はどうなるか、明後日はどうなるかということがある程度予想・予測できると思える感覚のことです。どんなに大変なプロジェクトでも、一生続くわけではなく今月一杯で一段落すると分かっていれば乗り切ることができます。しかしやり遂げるまでは終われない、それがいつか分からないという状況下では、力を発揮できず不調を訴える人が次々と出てきます。

コロナ禍ではメンタルの不調を訴える人が増えており、社会問題になっています。これもコロナ禍の収束が見通せず、先行きが不透明だからです。弊社ストレスチェックの顧客企業の集計結果からは、2020年9月以前には問題なかった「把握可能感」の数値が、同年10月以降、悪化しており、今を踏ん張る力（内なるパワー）が弱まっているという結果が出ています。

処理可能感は、どんなにつらいことに対しても「やればできる」と思える感覚のことで、自己信頼度の効力予測と似ています。これまでの仕事で経験した自信をベースに「ここまでは自分の力（経験値）でできるが、その先の未知の部分は上司や先輩の力を借りよう」と柔軟にとらえ仕事に取り組みます。こうした感覚は、特に「修羅場」といわれる状況下では必須の「底力」とでも呼べるものです。

前向き度とは、どんなに困難でつらい状況でも、自分がやろうとすることに意味を見出し、その先の見通しをもって、自分には必ずできると思える感覚の集合で、よくいわれる「ポジティブ・シンキング」に似た概念かもしれません。

前向き度は「性格」ととらえられることも多いのですが、これは「能力」なので、仕事を通じて育てる（鍛える）ことができます。年齢とともに経験値が高まることで、前向き度も自己信頼度も、ともに高まることが分かっています。

経験値の蓄積によって、自己信頼度や前向き度が自然に高まるのに任せるのが今までのやり方でした。今まではデータを大量に経時的に取得したことがなかったため、後付けでこうした事実が分かったわけですが、逆に考えると、自己信頼度や前向き度のエビデンスを元に人材を育てることができる時代になったといえます。

[図表5] 前向き度（標準的な年齢傾向線）

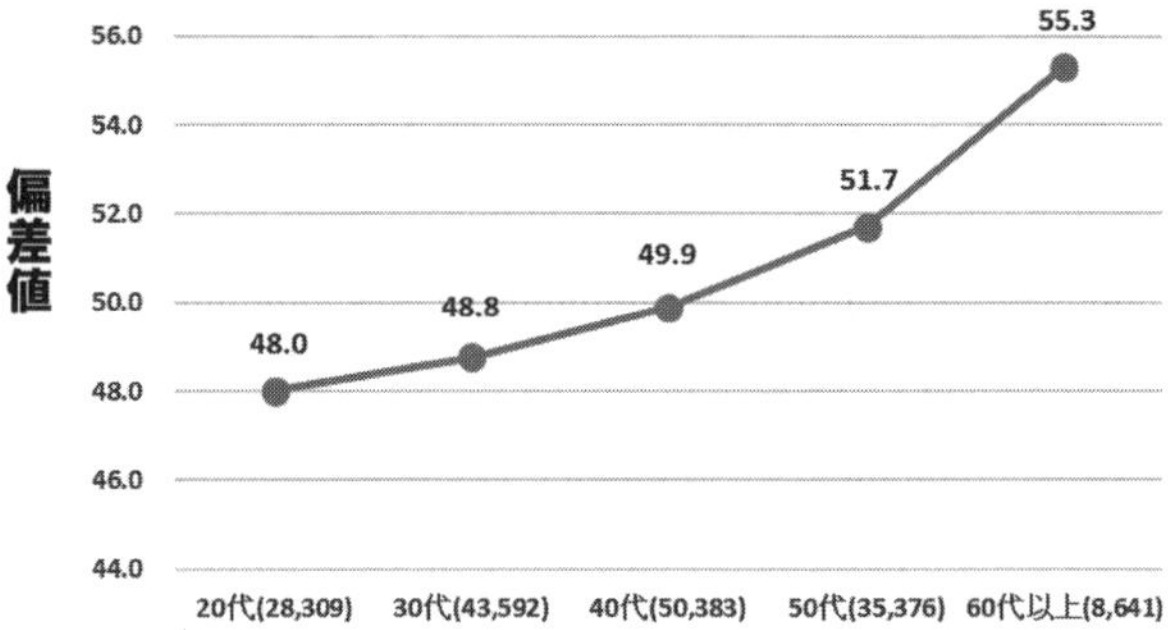

[図表6] 自己信頼度（標準的な年齢傾向線）

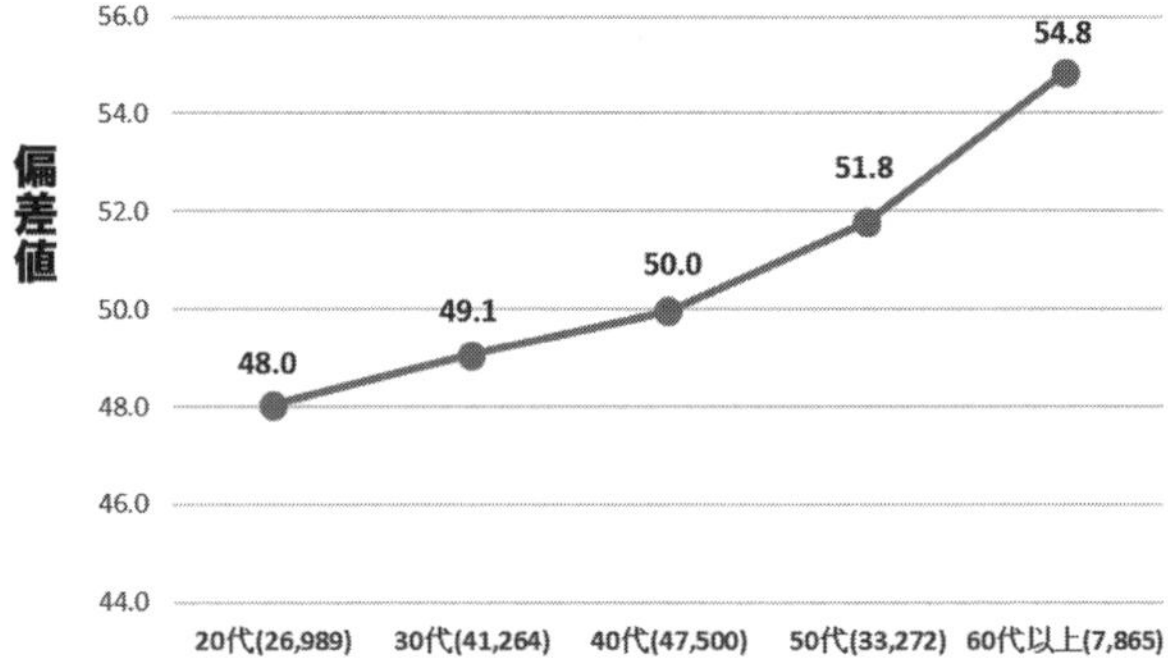

［図表7］上司が部下のSOCを育てる

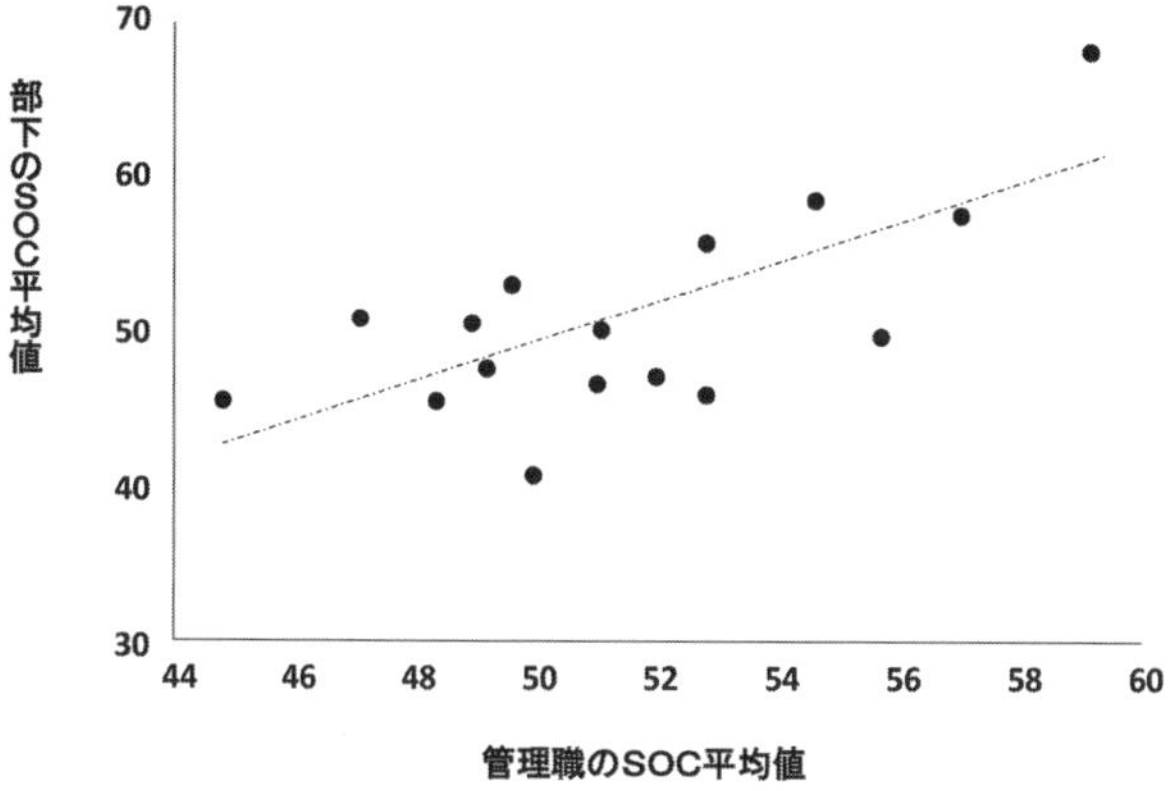

さらに重要なことは、上司と部下の前向き度に正の相関関係があるということです。上司の前向き度が高いと部下、ひいては職場全体の前向き度が高まることが分かっています。このエビデンスを人材配置に活用することができるのです。

IT系の企業ではなぜメンタルヘルス不調が多いのか？

厚生労働省は、労働安全衛生調査（実態調査）で、メンタルヘルス不調により連続1カ月以上の休業をした労働者または退職者がいた事業所の割合を調べています。一人でもいた割合なので、事業所規模が大きくなるほど割合は高くなります。ですから、業界の現状を正確に反映しているかどうかは議論の余地がありますが、どの業界にメンタルヘルス不調の人が多いかを調べる参考にはなります。

それによると、２０１８年の全事業所平均は10・８％でした。業種別に見ると、ＩＴ企業を含む情報通信業が圧倒的に高く25・８％となっています。次に多い製造業が13・３％、サービス業が13・１％で、ＩＴ企業はこれらの倍近い値となっています。

実際、私たちがストレスチェックを行っている企業でもＩＴ系のメンタルヘルス不調は際立っている印象があります。他業界と比べるとＩＴ業界では技術の陳腐化が早く、数年前の知識や技術が役に立たなくなることが多いという現状があります。

若いうちは、新しい技術の吸収力も高く、もともと技術的なことが好きでＩＴ業界に入る人が多いわけですから、学ぶことも楽しいし、学んだ技術で実際にシステムが動くところを見るのもやりがいにつながります。

ところが新しい技術が生まれ、年齢的に吸収力が低下していくので、業務の内容も技術的な仕事から、コミュニケーションやマネジメント系に移行します。そうなると新しい技術を習得する時間がさらに減り、中堅クラスにもなるとプログラムを作るといった仕事は時間的にもスキル的にも難しくなる人が増えてくることになります。

　例えば、先端技術を駆使したシステム開発などではなく、保守、管理、運用などの仕事に就くことが多くなったり、なかには営業に変わったりする人も出てきます。これらの仕事の価値が低いと思う人はいないですが、もともと技術者としての仕事を希望して業界に入ってきた人が多いため、どうしてもやりがい感が落ち、モチベーションが下がることになります。

　ＩＴ企業の50代以上の社員で保守、管理、運用の仕事に就いている人のストレスチェックから見えてくるのは、ストレス増強要因がほとんどないにもかかわらず、メンタル不調に陥っている人が意外に多いという事実です。システム保守、管理、運用に従事している人の話を聞くと、「システムはトラブルがなくてあたりまえという考えが常識で、正常稼働時には誰からも感謝されたり、褒められたりすることはありません。しかし、ひとたびトラブルが発生すると、直ちにオンコールで呼び出され、速やかにトラブルを解決しなければなりません。それでも、１００％復旧するのは当たり前で、ユーザーから叱られることはあっても、感謝されないし、褒められることもまずない」という声をよく聞きます。

つまり、仕事のモチベーションが落ちた状態であり、前向き度のうち有意味感が落ち込んだ状態です。また「こんな仕事をいつまで続けるのだろうか」と、先行きの不透明感を感じて把握可能感がへこんだ状態ともいえます。

これは、50代以上のＩＴ業界の方がメンタルヘルス不調に陥る典型的なパターンですが、若い人でもメンタルヘルス不調に陥っている人はけっこういます。例えば客先常駐で自社にいることがほとんどない人で、いわゆる「自分の職場」がどこなのかが曖昧になっている人たちです。

こうした人たちは、ストレス増強要因の一つである「人間関係の難しさ」を強く感じているうえに、緩和要因の一つである「周囲の支援」が希薄で、二重にストレスを感じていることになります。あるいは若い人でも、最近の技術革新の速さに戸惑い、「はたして自分はこの変化にいつまでついていけるのだろうか」「自分が学んだ技術が来年には必要とされなくなるかもしれない」という把握可能感や処理可能感の落ち込みによって、メンタルヘルス不調に陥っている人もいます。

こうしてみるとＩＴ業界は時代の最先端にいて変化が早く表面化しやすいだけで、多くの業界でも少し遅れて現れてくる可能性があります。業務による直接的なストレスだけでなく、ストレス対処能力の落ち込みやCOVID−19による先行き不安などが原因の、緩慢なメンタルヘルス不調が潜在的に増えてくるかもしれません。

リーマンショックをいまだに引きずっている会社もある

心身のストレス反応、すなわちメンタルヘルスの不調は、仕事のストレス要因によって引き起こされ、個人のストレス対処能力がその影響を受けて生じます。そのため、ストレスは悪者のように言われることが多いですが、ストレスが小さすぎたり、まったくなかったりするのも問題なのです。適度なストレスがあることによって能力が開発され、ストレス対処能力が鍛えられ、生産性が高まります。

私がこのことを実感したのは、リーマン・ショックのあとでした。リーマン・ショックとは、ご存知のとおり、米国の投資銀行リーマン・ブラザーズが同国の住宅バブルの崩壊が原因で破綻したことをきっかけに起こった世界的な金融危機です。日本も2008年10月末に日経平均株価が、一時は6000円台にまで下落し（リーマン・ブラザーズの倒産申請直前は1万2214円でした）、米国経済への信用低下に伴うドル安の影響もあって、数年間不況に見舞われる事態となりました。

私たちのクライアントにも大きな影響を受けた会社がいくつもありましたが、その後の立ち直り方が会社ごとに違うという事実に気づきました。景気回復に伴ってすぐに立ち直った会社もあれば、令和になった今でもまだその影響を引きずっている会社もあるのです。

数値を比較すると、会社のストレス対処能力に違いがあることが分かりました。すぐに立ち直った会社のストレス対処能力（従業員の平均）は高く、いまだに引きずっている会社は低いままです。ストレス対処能力が高い人、言い換えれば、自分のパフォーマンス（業務遂行能力）を常に維持できたり、一時的に落ち込む事態が生じたりしても元に戻す感覚が優れている人が多い集団（会社）では、リーマン・ショックのような社会的経済的変化に直面したときにこそ、もち前の強い復元力を発揮するのです。

すぐに立ち直った会社のなかには、その昔、重大事件を起こした会社もありました。社会的批判を受けて業績も落ち込みましたが、それを機会に経営層を一新し社員とともに新しく生まれ変わろうと誓い再出発した会社です。現在は清廉な社風で、売り上げも好調、社内の人間関係も良く、私から見て羨ましくなるほどの前向きな良い会社、エンゲージメントの高い会社に生まれ変わっています。こうした諸々の積み重ねのうえに、リーマン・ショック後のV時回復があったと思います。

これがもし事件を起こした頃のままで、生まれ変われなかったら、おそらく景気が回復しても、業績は回復しなかったのではないかと思うのです。

ストレスチェックで可能になること

ストレスチェックを実施すれば、仕事のストレス要因（増強要因、緩和要因）と個人のストレス対処能力（自己信頼度、前向き度）を測定することができます。

これらの指標が分かれば、現在マイナスの状態にある会社や職場を、ひとまずゼロの状態に戻すことができます。その方法について、メンタルヘルスと人材育成の2軸の観点で、順を追って見ていきます。

まずメンタルヘルス対策の軸については、事後と予防の方向性が考えられます。また人

［図表8］メンタルヘルスと人材育成（マイナスからゼロ）

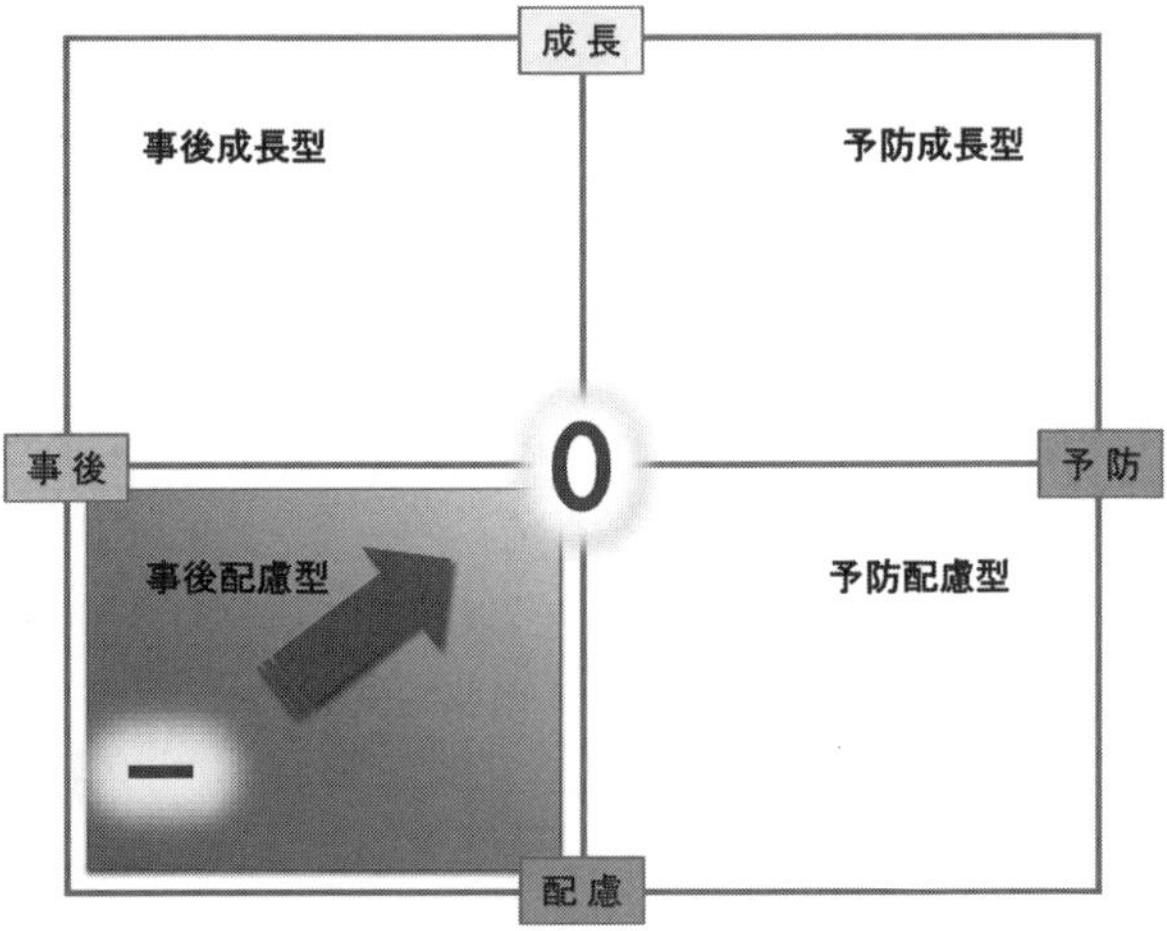

材育成については、配慮と成長の方向性が考えられます。これらを組み合わせたマトリクス表を作ると、予防成長型、予防配慮型、事後成長型、事後配慮型の４つの象限ができます（図表8）。これらの象限は、職場における人材育成のパターンとなります。

予防成長型の職場では、メンタルの事例が発生する前に、ストレスを成長の糧として前向きにとらえられる人材を育成できる職場です。このような職場では、個人の成長と職場の生産性向上が両立されます。

事後配慮型の職場では、職場で起

こってしまったメンタルの事例に対して、勤務時間や業務内容に配慮してストレスを軽減することで、従業員の再適応を促進します。

事後成長型の職場では、職場で発生してしまったメンタルの事例の振り返りをすることで、次に発生したときに適切な対処ができる人材を育成します。

予防配慮型の職場では、職場でメンタルの事例が発生する前に、適切な労務管理や本人の能力・特性に合わせた仕事のアサインなどを工夫して、とにかくメンタルヘルスの問題発生の予防に努めます。

事後成長型や予防配慮型は一見良さそうです。しかし事後成長型は、事例が発生する都度対応するということですから、イタチごっこといえます。予防配慮型は、本人にとって適切な仕事を個別にアサインするということなので、アサインする側が大変です。予防成長型の職場を目指すことが、パフォーマンス向上につながり、最終的には生産性向上につながります。

実際に日本の職場で最も多いのが、事後配慮型の職場です。これを予防成長型の職場に引き上げることが重要になりますが、一気に引き上げるのは無理があり、難しいところです。まずは事後配慮型のマイナスをゼロにするところから取り組むのが、実は早道です。そしてストレスチェックのデータを活用すれば、このマイナスをゼロにすることができるのです。

予防には3段階ある

事後配慮型の職場を予防成長型に変えていくためには、まず予防に取り組むところから始めます。予防に取り組み、マイナスをゼロにしながら、並行して成長型への転換に取り組むという流れです。

予防には、以下の3段階があります。

・1次予防：メンタルヘルス不調にならないようにさまざまな知識を提供すること
・2次予防：メンタルヘルス不調に陥った人を早期発見すること
・3次予防：メンタルヘルス不調に陥った人の再発を防止すること

どの段階でも車の両輪のように、職場対策と個人対策を組み合わせています。メンタル不調には、職場環境要因と個人要因の2つの原因があるからです。

1次予防では、基本的にメンタルヘルスに関する普及啓発活動の手伝いをします。職場対策としては、経営者向け・管理職向け・新任管理職向けにそれぞれの研修が必要です。また個人対策としては、メンタルヘルスに関する基礎的な研修やウェブ上でのe-Learning、パンフレット類のほかにストレス対処能力を高めるためのワークブックなどがあります。

2次予防では、職場における早期発見のための仕組みとして、ストレスチェックおよびそのフィードバックを行います。職場対策の一環として、ストレスチェックの結果を分かりやすく解説した報告会の開催、問題のある職場へのコンサルテーション、管理職からの相談を受ける体制などを整えます。報告会は役員・部長・課長などの階層に合わせて報告内容をカスタマイズしたり、報告用の資料についても役員会報用のサマリー様式にアレンジしたり、管理職の現場対策用マニュアル様式にしたりするなど、職場改善に活かせるよう工夫するとよいでしょう。

個人対策としては、ストレスチェックの結果表に過去3回分の結果を載せて時系列で比較できるような構成にしたり、結果のフィードバックを目的とした講演会、リモート研修会などを開催したりしています。

治療後あるいは治療中の職場復帰および再発防止が3次予防になります。職場対策としては、保健師や臨床心理士などによる休職および復帰システムの整備と休職・復帰委員会の組織作り支援や健康相談などを行っています。

ストレスチェックから分かること

私たちは18年間にわたって、多くの会社のストレスチェックデータを蓄積してきましたが、そのビッグデータを分析することでさまざまな知見を得ています。

一般的に、ストレスチェックでは、ストレス値の高い人をスクリーニングし、その要因を把握することが最も大事な役割となります。また、これ以外にもチェックツールの種類や機能によってさまざまなことが分かります。ここでは、その例として、私たちが開発したストレスチェッカーを利用したときに分かる代表的な項目に触れていきます。

①休職しやすい人が分かる

ストレスチェッカーは、仕事のストレス要因と個人のストレス対処能力から身体的・精神的な不調感を計算します。その際に単純な得点（素点）ではなく、偏差値を計算します。偏差値というと大学のランク付けを連想させるため悪評が高いのですが、実際の統計解析では極めて便利なのでよく使われています。

ストレスチェックの結果判定は、精神的不調と身体的不調の得点をあわせて算出される総合的ストレス得点によって区分します。具体的には、総合的ストレス得点60未満を青信号、同60以上70未満を黄信号、同70以上を赤信号と定義して、黄信号、赤信号の人をうつ病になる可能性が高い「リスク者（高ストレス者）」と呼んで、本人に結果を知らせる際に注意と医師への面談を促しています。全顧客平均では、赤信号がストレスチェック回答者の3・9％、黄信号が12・0％いることが分かっています。

また、メンタル不調で休職した人の医療機関への受診状況と傷病手当（病気やケガのために会社を休み、給与が受け取れないときに支給される手当）の受給状況と、休職前のストレスチェックでどの項目と最も関連が強かったかを調べたところ、精神的不調感の得点（偏差値）が高いことが分かりました。それによると精神的不調感の偏差値が60未満の青信号と比べて、75以上の得点ではおよそ16倍も休職する確率が高かったのです。

そこで、75以上を超赤信号（スーパーレッド：ＳＲ）と呼んで区別することにしています。総合的ストレス得点で黄と赤になった人は通院しながら業務を継続することもできますが、スーパーレッドの人は医師から休職を勧められる水準です。ストレスチェックの結果を会社の産業医の先生に知らせる場合には、スーパーレッドが休職する確率が高い人たちであることを伝えています（あくまで原則で、黄や赤でも休職する人もいますし、スーパーレッドでも業務継続する人もいます）。

一方、個人のストレスチェック結果を会社や職場に開示することは法的にできませんので、部署ごとの青、黄、赤、スーパーレッドの集計割合を提示します。各部署ではその集計結果、特にスーパーレッドの割合を見て、休職する状態にまでメンタル不調が悪化した人がいることに気づかない職場内の体制（ラインケア体制）を改善するよう勧めています。

さて、偏差値は相対評価なので、精神的不調感を偏差値で表せば、一定の割合でスーパーレッドも赤も黄も存在することになります。全顧客平均ではストレスチェック回答者の1・7％いることが分かっています。したがって、スーパーレッド比率がこの基準値より高い組織は、休職しやすい人が多いストレスフルな組織だと考えることができます。

あくまで目安ですが、50人の部署で1人スーパーレッドがいれば、2％になります。あまりにも人数が少ない部署では当てになりませんが、それでも統計的な検定を行ったうえの数値であれば必ず役に立ちます。

②パワハラ傾向が分かる

ストレスチェックの結果から、その組織のパワハラ傾向が分かります。正式なオプション名は「パワーハラスメント傾向予測」という分析名称で、ストレスチェック項目のうち数項目について、それぞれで最も低く（悪く）評価した人の比率の累計を見ます。

全顧客の回答平均と、部署別または関連子会社別の数値を比較することで、パワハラ傾向が一目で分かります。もちろん合計の数値が大きいほどパワハラ傾向が強いということになります。

2020年6月1日より職場におけるハラスメント防止対策が強化され、パワーハラスメント防止措置が事業主の義務となりました。パワハラのエビデンスとなるデータはそもそも十分ではなく、職場アンケートなどでパワハラの実態調査をしても、恣意的な回答による偏り（バイアス）が少なくありません。その点、メンタル不調の把握が目的で実施されるストレスチェックのデータから集計した結果にはバイアスが少なく、実態をかなり正確に反映しているといえるでしょう。ちなみに、中小事業主は2022年4月1日から義務化されます。

③離職圧力の強さが分かる

有意味感の値を見ると、その職場の離職圧力の強さ（強いほど辞める人が多い）が分かります。有意味感にかかわらず、個人のストレス対処能力は、性格ではなく能力なので、教育や訓練で高めることができます。また年齢とともに高まることも分かっています。

有意味感も当然同じことがいえます。年齢別にプロットすると、年齢が高くなるほど有意味感も高くなります（有意味感が低い人が減っていきます）。有意味感は仕事を続けるための重要な原動力になりますので、有意味感が低いほど離職する可能性が高くなるといえます。

特に20代の若い人の割合が重要です。ジョブ型雇用とメンバーシップ型雇用という言葉をご存知かと思います。日本では従来、終身雇用型の会社が多く、これは会社という組織への帰属意識が求められるメンバーシップ型雇用の一形態だといえます。一方、欧米ではジョブ型雇用という、仕事に対して人が割り当てられるという雇用形態が一般的です。会社への帰属意識よりも専門性が求められる形です。日本でも終身雇用が崩れ始めるのと並行して、ジョブ型に徐々に移行しつつあるとされています。

実際にジョブ型に移行しつつあるかどうかは議論の余地があるかもしれませんが、一般的に若い人はジョブ型の雇用形態を好む傾向があります。有意味感のない職場・仕事に魅力を感じません。事実、3年未満で会社を辞めて、転職する若者がとても多くなっています。厚生労働省が2020年に公表した資料では、2017年の新規学卒就職者のうち就職後3年以内に離職した人は、大学卒が32・8%、短大卒が43・0%、高校卒が39・5%もいるのだそうです（事業所規模が小さくなるほど離職率が高くなる傾向があります）。

これは多くの若い人が終身雇用のメンバーシップ型雇用にあまり魅力を感じておらず、自分のやりたいことが実現できるジョブ型に魅力を感じている証拠といっていいかと思います。実際20代の社員で有意味感が低いと感じる人の割合が40％を超える会社は離職率がとても高い傾向にあります。

④ハイパフォーマー、ローパフォーマーが分かる

前向き度と自己信頼度の組み合わせで、その人のパフォーマンス（業務遂行能力）が分かります。ハイパフォーマー（ＨＰ）は、どんな職場でどんな仕事をしてもまったくメンタル不調に陥らない人たちで、回答企業全体の平均では14・２％います。また、これとは対照的にどんな職場でどんな仕事をしても４割以上がメンタル不調になってしまう可能性が高いローパフォーマー（ＬＰ）がやはり14・２％います。両者の間に、平均的なパフォーマンスのアベレージパフォーマー（ＡＰ）が71・６％いて、ＨＰ：ＡＰ：ＬＰの比は14対72対14で分布しています。一般的によく知られている２対６対２の「働きアリの法則」（進化生物学者で北海道大学の長谷川英祐准教授が提唱）によく似た分布です。

これはストレスチェックの結果にも含まれますが、例えば部署別に集計して個人が特定できない形で会社に開示・活用することはできます。しかし、個人の結果は開示できません（個人結果を活用したい場合は、弊社の別の検査で本人同意を取ったうえで実施する必要があります）。具体的には、前述の前向き度と自己信頼度の偏差値によってＨＰ・ＡＰ・ＬＰが区分されます。

経営者層はやはりパフォーマンスが高いのだが……

私たちは数多くの会社の社長や役員など経営者層のストレスチェックもしてきました。その結果で分かることは、経営者層のパフォーマンスはどの会社でも軒並み高いということです。当たり前といわれるとそのとおりですが、データで裏付けられた形になっています。

どの会社でも経営者は忙しく、また日々の決断も難しいため、部下には相談できないこともあり、「経営者の孤独」を感じている人も多いはずです。仕事のストレスからくる増強要因が極めて高い人ばかりです。しかしストレス対処能力が抜群に高いため、あたかも仕事をしていないか、または仕事のストレスをまるで感じていないかのような結果が出る人ばかりなのです。

私たちは自己信頼度および前向き度、すなわちストレス対処能力を高めるための研修を用意していますが、ストレスチェックを実施している会社の経営者層が若かった頃には、このような研修はなかったはずです。皆さん日常の仕事のなかで身につけられたのだと考えられます。

研修があるということは、ストレス対処能力は性格ではなく能力なので、教育や訓練で身につけることができるということです。ただ現在経営層にいる人の多くは、意識して身につけてきたわけではありません。そのため部下や後輩に上手に伝える手段をもっていませんでした。

一方、私たちはストレス対処能力についてのエビデンスがありますので、それを研修という形で伝え、実際に能力開発することができます。

労働人口が今後とも減少していくと予測されている日本社会において、生産性の向上は喫緊の課題といえます。能力開発は以前からも行われてきましたし、今後もなくなることはないでしょう。また、人工知能などの新しいテクノロジーがビジネス現場でも実用的になってきましたので、そういったツールによる能力支援も期待できるでしょう（その使いこなしのための能力開発が必要ではありますが）。

一方で「働き方改革」による労働時間短縮の流れもあります。能力開発だけでは不十分です。今まで手付かずに近かったパフォーマンスを科学的に向上させることが求められています。

パフォーマンスの中身がデータとして定量的に把握ができるようになった今、パフォーマンス開発は必要というより、もはや取り組まなければならないものになった感があります。科学的なパフォーマンス開発に基づいてハイパフォーマーを選別し、そして育成し、適所に配置することが、これからの日本にとって必要となります。

［第4章］

人事を科学する——ストレス評価による人材配置が生産性向上をもたらす

ゼロポジションから予防成長型へと進化させることがパフォーマンス向上への道

組織には予防成長型と事後成長型、予防配慮型、事後配慮型の4つの型があり、このなかで目指すべきは、個人の成長と職場の生産性向上（パフォーマンス向上）が両立される予防成長型の組織になることです。現状では、多くの組織は職場でメンタル不調が発生してから対応する事後配慮型になります。事後配慮型が不調から回復させて、マイナスからゼロに戻すこととするなら、予防成長型はゼロからプラスに引き上げることです（図表9）。予防成長型を目指すには、ストレスチェックの結果を活用して、ゼロポジションに組織を移行させながら、一方で予防成長型の組織を目指すことが結果的に早道です。ゼロポジションになった段階で、より積極的にパフォーマンスを伸ばす施策が取れるようになり、ストレス対処能力（パフォーマンス）が高い人材を輩出することができるようになるのです。

予防成長型の組織を組み立てる方法として、私たちはＣＰＡ（Capacity of Adapt-ability：ビジネス適応力検査）というサービスを提供しています（図表10）。

［図表9］メンタルヘルスと人材育成（ゼロからプラス）

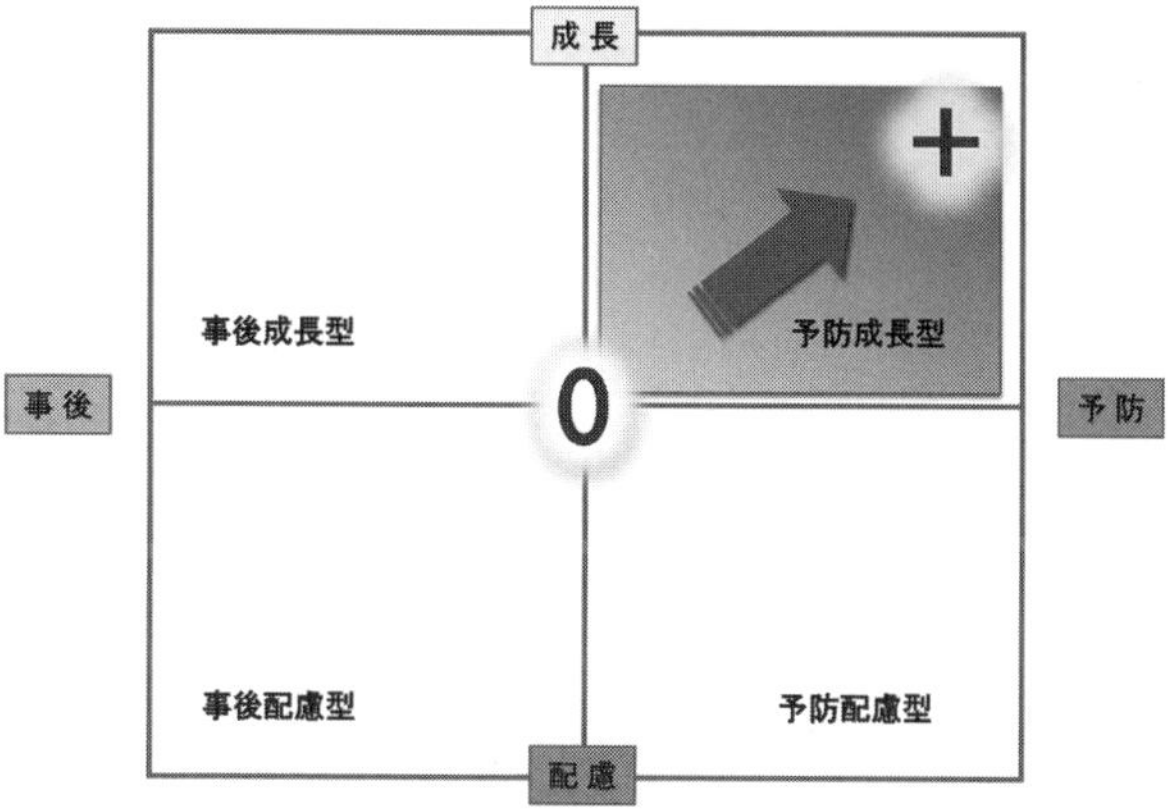

ビジネス適応力検査とは、自己信頼度（SE）、前向き度（SOC）のほかに職務統制傾向（LOC：Locus Of Control）という指標を測定して、この3つを組み合わせて分析することで、各個人のビジネス適応力を測定する検査です。ビジネス適応力とは、どんな仕事・どんな職場・どんな上司でも柔軟に対応し、困難を乗り越えようとする能力です。ビジネス適応力が高い人は、職場で難しい仕事に直面してもパフォーマンスを最大限に発揮することができます。反対に、ビジネス適応力が低いと職場の人間関係や業務内容に耐えられずメンタル不調に陥りがちで、休職したり最悪

[図表10] PRASとCPA

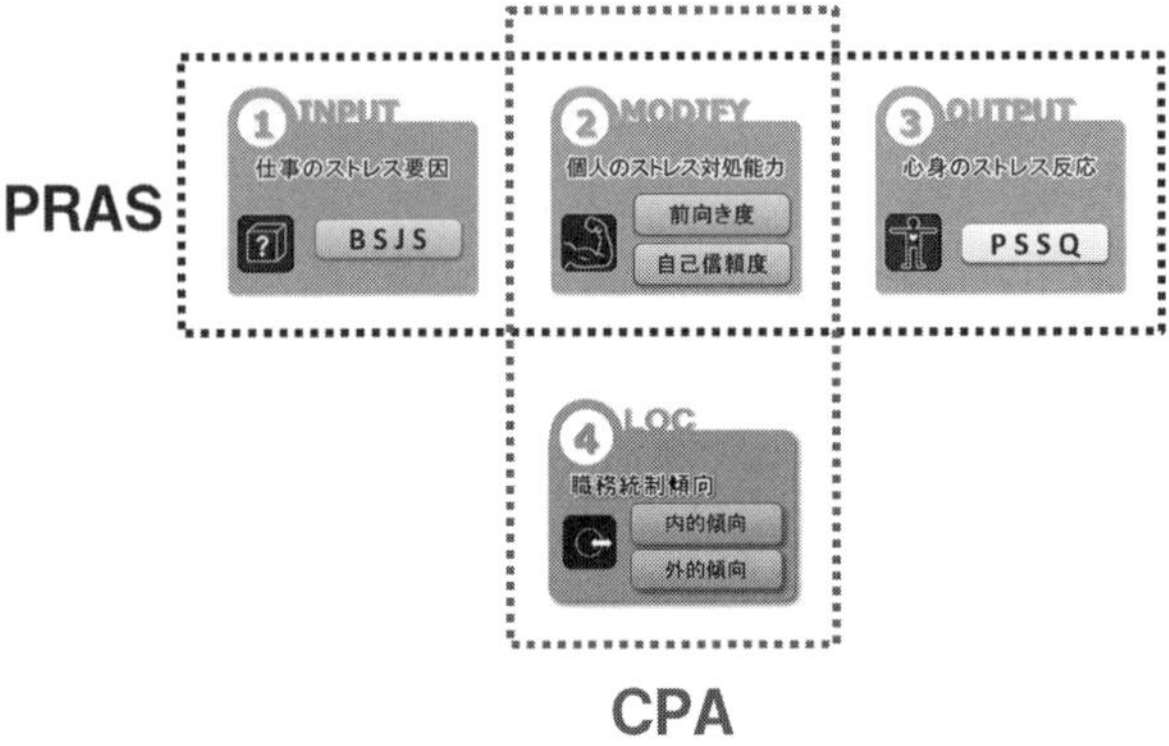

退職したりすることにつながることが分かっています。これらの数値は、本人の承諾があれば企業にフィードバックすることができますので、すでに職場にいるハイパフォーマーを見える化できることはもちろん、人材採用にも活用できます。ビジネス適応力を把握し、必要に応じて育成することが、戦略的な人事（HR）に求められていることなのです。

会社全体のパフォーマンスを高めるためには、ハイパフォーマーが誰なのかを知り、その人に牽引してもらう必要があります。一方で、育成や採用によりハイパフォーマーの数を増やす必要もあります。ハイパフォーマーをリーダーのポジションにつけることで、そのチームが活性化されることが分かっているからです。一方でローパフォーマーの底上げも必要です。

職務統制傾向とは？

職務統制傾向は、行動を統制する意識の所在が自己（内的）にあるのか他者（外的）にあるのかを測る指標です。内的傾向が強い人は、自分自身の行動とその結果は自らコントロールできると考えます。つまり自分が頑張れば何とかなると考える人です。一方、外的傾向が強い人は、自分自身の行動とその結果は、外部の力や影響で決まると考えがちです。物事は成り行きに任せることもときには必要と考える人も外的傾向の強い人です。

例えばコーチングにおいては、内的傾向の強い人は、予想外の困難に直面して自信が揺らいでいるときに積極的にコーチするのがよいとされます。一方外的傾向の強い人には、他人からの支援が期待できないような場面で自己解決の意識をもたざるを得なくなったときにコーチするとよいとされています。要は、職務統制傾向を把握することで、本人に合った指導が可能になるということです。

ビジネス適応力の判定の仕方

ビジネス適応力の判定のために用いる指標は、自己信頼度、前向き度、職務統制傾向となります。これらは私たちがもつビッグデータの偏差値を基準にします。前向き度に関しては、有意味感、把握可能感、処理可能感の詳細項目も点数化し偏差値にします。つまり自己信頼度、有意味感、把握可能感、処理可能感、職務統制傾向の5つの指標で判定することになります。これら5つを組み合わせて、A（最高）～E（最低）を判定します。

パフォーマンスについては、前向き度と自己信頼度の偏差値が一定以上であればハイパフォーマーであり、一定以下であればローパフォーマーと判定します。

ビジネス適応力を使うと、5段階でパフォーマンスが判定できます。Aが最高、Bが高のハイパフォーマー、Cがアベレージパフォーマー、Dが低、Eが最低のローパフォーマーとなります。

私たちがこれまで蓄積してきた全データを分析した結果では、ビジネス適応力で見たハイパフォーマーには、ほとんどメンタル不調者が存在しないということが分かっています。

ストレスチェックの総合判定で言えば、AとBのうち赤信号はどちらも0・1％、黄信号はそれぞれ0・3％と0・9％になっています。一方DとEの赤信号はそれぞれ16・1％と51・0％、黄信号は30・2％と34・5％になっています。グラフを示すまでもなく、数字を見ただけで明らかにAとBのメンタル不調者は、D、Eと比較して極端に少ないことが分かります。

別のデータで比較すると、ハイ・アベレージ・ローのパフォーマンスごとにどのくらいストレスを感じているかがストレスの種類ごと（身体的ストレス、精神的ストレス、身体的・精神的を合算した総合的ストレス）に分かります。比較しやすいようにアベレージパフォーマーのそれぞれのストレス度を100とします。それによれば、ハイパフォーマーとローパフォーマーのそれぞれの数値は、身体的ストレスで84と118、精神的ストレスで79と126、総合的ストレスで80と124になります。それぞれの差は、身体的ストレスで34、精神的ストレスで47、総合的ストレスで44です。日々感じているストレスの大きさにここまで差があると、ローパフォーマーがメンタル不調に陥りがちになること、逆にハイパフォーマーが滅多なことでメンタル不調に陥らないのもうなずけます（図表11）。

[図表11] パフォーマンス別のストレス度（PRAS平均）

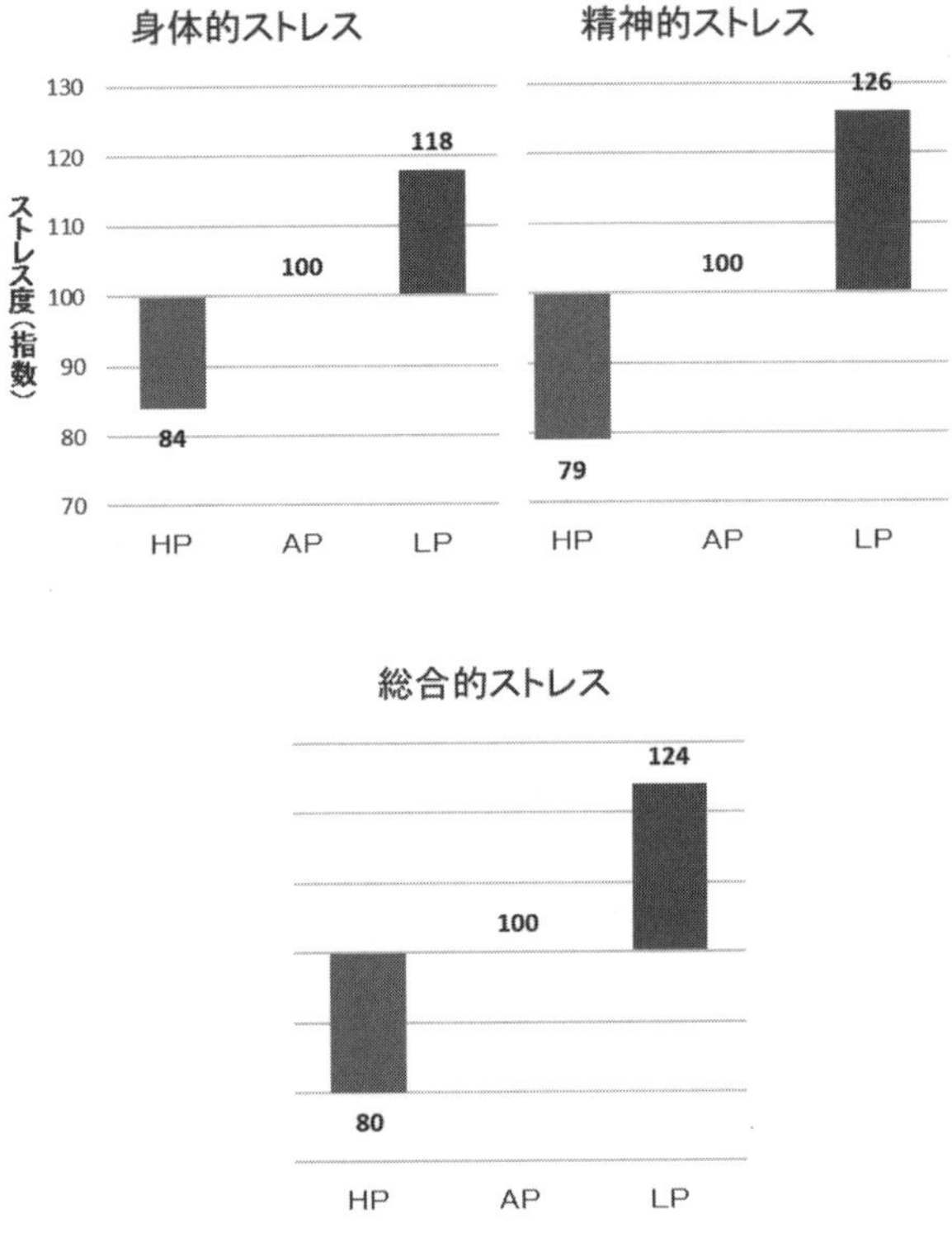

また、組織の性質が事務型か営業型か研究開発型かにもよりますが、基本的にはローパフォーマーの比率が多いと赤信号の比率も高くなります。この2つには高い相関関係（相関係数0・82）があることも分かっています。例えば研究開発型の組織にローパフォーマーが多いと赤信号の比率が多くなり、研究開発の効率が落ちます。ちなみにハイパフォーマーやアベレージパフォーマーの比率と赤信号の比率には相関関係は見られません。

ローパフォーマー全員が必ずしも赤信号というわけではありませんし、相関関係はありますが、因果関係（ローパフォーマーが多いから赤信号も多いのか、赤信号が多いからローパフォーマーが多いのか）ははっきりしません。いえることは、ローパフォーマーと赤信号の両方が多い組織に対して、ローパフォーマー対策を実施すれば、組織全体のパフォーマンスが向上し、最終的には生産性の向上が望めるということです。

ハイパフォーマーを積極的に戦略的な仕事に配置することで生産性は向上する

ビジネス適応力を判定した結果、誰がハイパフォーマーか分かれば適材適所の配置が可能となり、それだけで会社全体の生産性が高まります。

最も効果が高いのは、戦略的なプロジェクトにハイパフォーマーを配置することです。戦略的プロジェクトはやり遂げたときの達成感も高いですが、それゆえに数々の課題や困難を解決する必要があります。特に今のような変化の激しい時代においては、今までの経験だけでは解決できない課題が次々と出てきます。また戦略的プロジェクトには多くの関係者が関わることが普通で、人間関係のストレスも非常に大きくなります。このようなプロジェクトを推進していくには、高いビジネス適応力をもったハイパフォーマーが必要です。一方、ビジネス適応力の低いローパフォーマーではストレスに負けてしまい、能力を発揮することは難しいでしょう。しかし、ストレスがゼロでは成長につながりません。ローパフォーマーには大きな目標をもたせつつ、スモールステップ（Big picture, Small win）で成長評価を行うことで、徐々にビジネス適応力を引き上げていくことが求められます。

このようにビジネス適応力の判定結果に基づきながら、個人ごとに適切な難易度の仕事を与えることが、会社全体の生産性向上につながります。このことが当たり前にできるようになれば、予防成長型の組織に一歩近づきます。

ハイパフォーマー上司でチームが活性化する

マネージャーへの昇格基準もビジネス適応力で判定することが適切と考えられます。リーダーによって、組織の活気に違いが出るのです。クールなリーダーが悪いとか、親分肌のリーダーが良いというわけではありません。クールなリーダーのチームに活気があり、親分肌のリーダーのチームに活気がないこともよくあることです。外見的な印象も大事ですが、リーダーのパフォーマンスの高さが重要で、リーダーのビジネス適応力の差がカギになります。

ビジネス適応力が高いハイパフォーマー・リーダーのチームには活気があり、逆は活気がないことが分かっています。したがって通常のリーダー昇格基準に加えてビジネス適応力の高い順にリーダー、マネージャーに昇格させることで組織の活力を引き出すリーダーを選出することができると考えますが、日本の組織においてはなかなかそれができません。

その理由は、年功序列型の組織が多く、長く会社にいる人から順に役職につく傾向があげられます。また日本にはプレイングマネージャーが多いことも理由に挙げられます。プレイングマネージャーにおいては、組織やマネジメントやビジネス適応力よりも仕事のスキルが重視される傾向が強いのです。

加えて、そもそもビジネス適応力という考え方がありませんでした。その概念も測定する方法もなかったわけですから仕方のないことですが、ビジネス適応力という考え方を普及し、それを活用して成果を上げる企業が一つでも増えることが私たちの使命でもあります。

なぜハイパフォーマー育成が行われてこなかったのか?

日本企業では、ビジネス適応力という考え方がなく、測定もされてきませんでした。ビジネス適応力を測る指標がないため、指標に基づく正しいハイパフォーマーの育成も行われてきませんでした。逆の見方もできます。そもそもハイパフォーマー育成を行おうという気運がなかったので、育成のための指標を探ろうという動機付けがなく、そのためにビジネス適応力という考え方も生まれなかったと考えるほうが真相に近いかもしれません。

では、なぜハイパフォーマー育成を行うという気運がなかったのでしょうか。

まず日本には、ときに「悪平等」といえるほどの平等主義、公平主義が存在します。日本でもかなり崩れてきたとはいえ、いまだに多くの企業が終身雇用・年功序列の人事制度を引きずっています。その名残が新卒社員の一括採用です。海外のジョブ型雇用では通年採用が普通となりますが、日本では一部の企業を除いてなかなかそうなりません。終身雇用・年功序列では、平等性・公平性が人事評価において最優先されます。

そうなると結果的に、教育研修等で育成の主眼となるのは平均的な社員、すなわちアベレージパフォーマーに設定されることになります。いわゆるエリート教育のようなことは、少なくとも社内でおおっぴらに行われることはありません。ハイパフォーマーにとっては退屈な教育研修となり、彼らの力がうまく引き出されることにつながりません。

またハイパフォーマーは、同期や同僚と比較するとはるかに高い評価を受けることが多くなります。そうなると本人も周囲もハイパフォーマーの成長スピードに問題意識を感じません。本来ならもっともっと成長してもよい人材が、安心してしまって、アベレージパフォーマーと大差ないような成長にとどまることになりがちです。飛び級で20代・30代でも役員になれるのでしたら話は変わってくるかもしれませんが、年功序列の平等主義組織ではそのようなことは起こり得ないので、急成長しようというモチベーションも湧いてきません。

さらに日本には、ハイパフォーマーは放っておいても勝手に成長すると考える人が多いといわれています。グーグルやアップルなどシリコンバレーのハイテク企業では、むしろハイパフォーマーこそ育成しようという考え方があり、日本企業とは好対照です。

アスリートの世界では、コーチやトレーナーからの適切な指導・支援が必須という考え方があり、これは日本でも定着してきています。シリコンバレーには「ザ・コーチ」として知られていたビル・キャンベルというレジェンド・コーチがいました。スティーブ・ジョブズとアップル帝国を築き、グーグルを巨大企業に導き、アマゾンの苦境を救ったコーチとして知られている人物です。彼はもともと、アメリカンフットボールのコーチでした。

米国では、スポーツのコーチがビジネスのコーチとしても成功している事例があるということですが、それは考え方が共通しているからでしょう。日本ではスポーツとビジネスの人材はなかなか交流しない傾向があり、スポーツ界のすばらしい常識もビジネスの世界では顧みられないということが起こりがちです。

これもアスリートとの比較になりますが、日本でもレベルの高いアスリートは海外に出て行って、世界レベルのなかで自分の未熟さを感じながら、ハイレベルのアスリートたちと切磋琢磨することで自らを成長させています。ところが日本企業のハイパフォーマーの多くにはそのような機会がほとんど与えられていません。

ハイパフォーマーにもっとチャレンジの機会を与えよ

日本企業にはハイパフォーマーを育てるという考え方がなかったので、日本企業の多くはせっかくハイパフォーマーを採用しても、その多くを台無しにしてしまっています。

一方、シリコンバレーのハイテク企業などでは、ハイパフォーマーこそ教育・育成すべきだと考えています。ハイパフォーマーを短期間で育て上げることで、彼らを新規事業の責任者に抜擢し、その結果新規事業を早く拡大できるからです。またハイパフォーマーを一人でも多く育てることで、彼らが組織を牽引していきますから、会社全体のパフォーマンスを大幅に向上することができます。

逆にいえばハイパフォーマーほど大変な仕事を任されることになるわけですが、彼らはそもそもビジネス適応力が高いためそのような仕事も十分にこなせます。またその苦労に見合った報酬も受け取ることができます。

日本企業の多くはハイパフォーマーとアベレージパフォーマーの仕事が同じですから、ハイパフォーマーほど楽に仕事ができてしまい、成長につながりません。ただし日本でも外資系企業は本国と同様の人材開発が行われる傾向がありますし、ベンチャー企業もハイパフォーマー重視の育成や採用を行うようになってきてはいます。

また日本企業では、会社の成長が鈍化し始める直前ぐらいに大きな組織改正を行い、大幅な人事異動を実行することで成長カーブを維持しようという人事戦略が採られます。これ自体は悪いことではありませんが、問題はこの異動の考え方やタイミングがアベレージパフォーマー向けに設定されているということです。ハイパフォーマーもこのようなタイミングで異動されることになり、成長できない期間が長くなる傾向があります。ハイパフォーマーはもっと積極的にさまざまな経験をさせるほうが成長するのです。

年功序列型の人事制度では、早期昇格は難しいですが、裁量権を拡大したり、他社や海外と共同のプロジェクトを任せたりするなど、特別なチャレンジの機会を与えることはできるはずです。しかしそれに消極的な企業が多いのは、外部を知って転職してしまうハイパフォーマーが多いからです。しかしこれも上手に行えば、ハイパフォーマーたちのやる気に火を付けるキッカケになります。やり方次第なのです。しかし良いやり方を知る企業は少ないといえます。

日本企業は人材育成に熱心で研修制度が整っているとよくいわれますが、それはアベレージパフォーマー向けの話です。むしろハイパフォーマーの潜在力を引き出すためには役に立たない制度であることが多いのです。アベレージパフォーマーの育成も大切ですが、会社全体の生産性を高めるためには、ハイパフォーマーの育成にもっと力を入れて、彼らに会社全体を牽引してもらうことを考える必要があるのです。

日本企業では、後輩の指導や部下の育成をハイパフォーマーに丸投げする傾向があることも、ハイパフォーマーの成長を妨げています。ビル・キャンベルが開発した1on1ミーティングのような確立された技法に従うならまだしも、育成法も提供せずにただ部下を育てよと言われると、ハイパフォーマーにとっては単に自分よりパフォーマンスの劣る人に目線がいくだけになり、そうでなくても自分のパフォーマンスに安心しきっているハイパフォーマーの目線をさらに下げてしまうことになりがちです。

もちろん指導や育成も重要なことですし、それを通して学べることも多々あるとはいえますが、ほかにもっと高度なことを学べる機会があるのなら、ハイパフォーマーにはそちらへのチャレンジを促すべきなのです。

ただ日本のマネージャーにはプレイングマネージャーが多いので、実際に部下の育成に時間をつくれている人は少ないという実態があります。

遅過ぎる昇格レースもハイパフォーマーを台無しにする

日本企業は海外の生産性の高い企業と比較すると昇格レースの開始も遅いといえます。入社10年目ぐらいになって初めて、早い人が役職に就くというのが一般的な日本企業です。

なぜそのような会社が多いかといえば、あまり若いうちから実力差をあからさまにしたくないからです。年功序列の会社では一度選抜から漏れるとその後の逆転はほぼ不可能です。若いうちから選抜競争があると、負けた人は「諦められた人」となってしまうことになります。諦められた人のモチベーションは当然下がります。モチベーションの下がる人が毎年のように増えてしまうと、企業は成り立ちません。

しかしそれは、アベレージパフォーマーのモチベーションを維持するために、ハイパフォーマーの成長や可能性を犠牲にしていることになります。年功序列ではなく、逆転可能な制度にすれば、早期選別で組織のモチベーションは下がりません。しかしそこまで踏み込める会社が少ないのです。

また、人事評価の主眼が人材育成（HR）ではなく、昇格や給与・賞与査定の平等さにあることが早期選抜を妨げています。この考え方だと、部長昇格までは全役職者での競争となり、それ以降の役員選抜でようやく本当の意味でのエリート選抜となります。言い換えると、部長選抜は部長になれない人を落とすプロセスですが、役員選抜は役員としてふさわしい人を選ぶプロセスだということです。となると、ハイパフォーマーにとっての本当の選抜は役員選抜ということになり、年功序列の日本企業では相当な年次になるまでハイパフォーマーの選抜が行われないわけです。それまではほかのアベレージパフォーマーとの競争ということになり、長い間本当の意味での成長機会を失うことになるのです。

これが事業も組織も急拡大していた高度経済成長期でしたら、ことさらに競争しなくてもハイパフォーマーには自然と競争の機会が与えられていました。しかし低成長期に入ってからは、入社年次や肩書きなど立場に応じた役割しか与えられなくなりました。ハイパフォーマーの育成機会は低成長期になって減ってしまい、日本全体が低成長から抜け出せなくなってしまったといえます。

かつてマイクロソフトは、Windows Vistaを開発した際に、2万5000人のプログラマーで5年間の開発期間を要したといわれています。そのような多大な工数と年月をかけながら、Vistaは品質や性能でユーザーの不評を買い、早々に市場から消えました。

一方アップルは、自社の新しいOSを開発する際に、6500人のプログラマーを使って半年で完了させたといわれています。こちらはユーザーから品質も性能も評価されました。

付加価値の比較が難しいのですが、仮に2つのOSが同程度の機能をもち、それゆえ同じ価値をもつものだとします。そうすると、開発生産性に約25倍の開きがあったことになります。マイクロソフトの開発陣にも当然ハイパフォーマーがいたはずですが、アップルはハイパフォーマーを多くそろえて開発した結果だと考えられます。

日本では意図的ではないにせよ、結果として、桁違いの生産性をもつ人も普通の人と同じ程度の生産性に抑えているようにさえ見えます。海外企業やグローバル企業との競争で勝てるはずがありません。

ハイパフォーマーを育成する3つの方法

そうはいうものの、旧来の人事制度を一足飛びに変えるのはなかなか難しいことです。日本では企業だけでなく、社会全体が急速な変化を好まない傾向もあります。徐々に変えていくために、今すぐできることは3つあります。

1つ目は、ハイパフォーマーには努力しないと届かない目標、すなわちストレッチゴールを与えることです。全社員にストレッチゴールを与えることを推奨する人もいます。そうだとしてもハイパフォーマーとアベレージパフォーマーではストレッチの大きさを変えないと意味がありません。ハイパフォーマーには、「ムーンショット」と呼ばれるような、少しぐらい手を伸ばしただけでは届かないような目標を与えるべきです。アベレージパフォーマーにそのような目標を与えるとメンタル不調に陥る危険があります。しかしハイパフォーマーとは、ビジネス適応力が高い人のことですから、そのような目標を与えてもそうそう簡単につぶれることはありません。その分裁量権を与えることで、高い達成感を味わうこともできます。当然、有意味感も高まり、ビジネス適応力の向上スピードが加速されることになります。

2つ目は、比較対象を変えることです。アベレージパフォーマーと比較する機会ばかり与えていれば目線が下がります。まずは1年前の自分と比較させる習慣を身につけさせることです。そして社内のほかのハイパフォーマーや社外の同世代のハイパフォーマーに目を向けさせるようにすることです。例えばさまざまな企業から選抜されてきたハイパフォーマーが集まる研究会や団体があります。そのようなところにハイパフォーマーを積極的に参加させるのもいいかもしれません。将来のための人脈形成にも役立ちますし、何よりもさまざまな考えを知って視野が広がります。高い目線と広い視野がハイパフォーマーには必要なのです。

3つ目は、圧倒的なライバルの姿を見せつけることです。30代前半までに海外企業との共同プロジェクトに参加した経験のある社員には、決断力、リーダーシップ、洞察力などの面において年齢不相応な成長が顕著に見られることが分かっています。また有名人でなくても、ほかの業界の若手ハイパフォーマーを呼んで講演をしてもらうと、聴講したハイパフォーマーに大きなインパクトを与えることができます。

相対評価より絶対評価

ハイパフォーマーを育成するという観点から、評価の方法について、A社の例を紹介しておきます。

A社はトップシェア商品をもっている優良企業です。ところが人事部門の担当者がボヤいていたのは、「しばらく画期的な新商品が出ていない」ということでした。

そこで、ストレスチェックの結果を元にビジネス適応力の状況を判定してみると、商品開発の要である研究開発部門にローパフォーマーが少なからずいることが分かりました。

一般的な傾向として、研究開発部門は仕事の難易度が高く、業務の量（残業）が多くなります。しかし事務部門などと比較すると、メンタル不調に陥る人が少ないのです。これはストレス増強要因のうち仕事の量と仕事の難しさによるストレスが強いにもかかわらず、そのストレスを緩和する働きがある業務の決定権や裁量権、業務を通じて得られる達成感が強く効いているため、多少つらくても頑張れる仕事だからです。つまり、研究開発部門はストレス増強要因が大きいが、ストレス緩和要因も効いている「活性化職場」になるので、黄信号、赤信号の従業員は一般的に少なくなります。

ちなみに仕事の難易度が低く、仕事量も少ないが、業務の決定権も達成感も低い部署はやりがいが感じられない職場として、赤信号や黄信号の従業員が増える傾向があります。研究開発部門はそもそも活性化職場としての傾向が強く、ローパフォーマーが少ないことが予想されましたが、A社では例外的にローパフォーマーが多かったのです。

さらに人事担当者に話を聞いたところ、相対評価で人事評価をしていることが分かりました。

人事評価には、相対評価と絶対評価があり、それぞれメリットとデメリットがあります。

相対評価のメリットは、まず評価者が評価しやすいことです。メンバー同士を比較して、順位を割り振るだけなので、さまざまな評価基準で評価しなければならない絶対評価よりは簡単です。そもそもあまり明確な評価基準を作る必要もありません。また順位をつけるだけなので、評価者が替わってもそう大きく評価は変わりません。また評価者がメンバーに好かれようとして意図的に甘い評価を付けるということもできません。また他者との競争意識が芽生えるため、それがモチベーションになることがあります。

相対評価のデメリットは、ある部門で優秀だからといって、別の部門でも優秀だとは限らないということです。あくまでその部門内での順位だからです。また同程度の能力の社員でも無理に順位付けをしないといけないので、そのような場合には本人への説明が困難になります。さらに周囲との比較なので、本人の成長が評価に反映されにくくなります。本人が努力してスキルアップしていても、周囲がそれ以上に努力していたら、相対的な評価は下がってしまいます。あるいはかなり優秀な人がいても、周囲がもっと優秀なら評価が低くなります。ほかの部門ならトップクラスの人が、それでは腐ってしまいます。また過度な競争意識が芽生えると、チームワークが阻害され、足の引っ張り合いになることもあります。

一方、絶対評価のメリットは、評価基準が決まっているため評価の説明がしやすく、評価される側の納得を得やすいことです。評価の透明度が相対評価よりも高いのです。また他者との比較にならないため、個人の成長が評価に反映されやすくなります。これは努力を続けるモチベーションになります。評価基準に基づく個人の能力やパフォーマンスの評価になりますから、ほかの部署にいる従業員との比較が容易で、人事異動を考えるときに大いに参考になります。評価基準があるので、今足りていない能力が分かり、課題や目標を与えやすい（アドバイスしやすい）というメリットもあります。

絶対評価のデメリットは、目標設定が適切でないと全員が最高評価になり得ることです。評価と給与が連動しているのであれば、人件費予算が立てにくいことになります。また評価基準は明確だとしても、評価方法が定性的であれば、評価者の主観が基準となってしまいます。なかにはメンバーに好かれようと全員に甘い評価をする評価者も出てくるかもしれません。また評価基準を作ることそのものが難しいというデメリットもあります。

まとめると、相対評価は、順位を付けるだけなので評価自体は簡単な分、他人との比較になるためその部門にどのような人が集まっているかに左右されやすく、個人の成長を加味しづらいので成長へのモチベーションがあまり湧きません。一方、絶対評価は評価基準を作ったり、評価方法を確立したりするのが難しい反面、課題や目標がはっきりし、成長もしっかり評価に加味されるため、努力しようというモチベーションが湧きやすいといえます。

こうして比較すると、評価基準が分かりやすく評価方法が公平で納得感があれば、絶対評価のほうが優れているといえそうです。評価方法を変えるのは、一朝一夕には難しいのですが、ハイパフォーマーを育成するために有効な手段といえます。

アベレージパフォーマーの上位はハイパフォーマーに引き上げることができる

A社の場合、ローパフォーマーが多かったので、まずは彼らをアベレージパフォーマーに引き上げていく必要があります。しかしそれには時間がかかります。また新商品を開発するためには、ハイパフォーマーが一定数以上必要です。それでは、ハイパフォーマーを急いで増やすにはどうしたらいいのでしょうか。一つにはハイパフォーマーを採用することです。それには通常の採用試験や面接にビジネス適応力検査を加えて応募者を評価することが役立ちます。

もう一つは社内で育成することです。2対6対2の法則は、組織内に優秀な人が2割、6割が平均的な人、そして残り2割が平均以下の人という意味です。似たような法則に「2・8（にっぱち）」の法則というのがあり、これは会社の売上の8割は上位2割の人が稼いでいるとか、会社の売上の8割は上位2割の優良顧客から頂いているといったものです。いずれにしても優秀な人は上位2割で、優秀と平均以下は左右対称に並ぶ（統計用語では正規分布する）ということです。

実際のハイパフォーマー、アベレージパフォーマー、ローパフォーマーの比率は、ハイパフォーマー（HP）が平均14・2%、アベレージパフォーマー（AP）が71・6%、ローパフォーマー（LP）がやはり14・2%でした。これは平均値であり、組織によってはハイパフォーマーが30%近くいるところもあります。少ない組織でも、だいたい10%は存在するようです。実は、ハイパフォーマーはアベレージパフォーマーの上位にいる人たちを見つけて育成することで、意外に早く増やすことができます。上位の人たちはもともとハイパフォーマーと似たような感覚をもっており、働きかけに対して敏感に反応し、ハイパフォーマーにシフトすることがデータで実証されています。彼らはヒントさえ与えれば、自分で考えてステップアップすることができる人たちだと考えられます。

レジリエンス研修とは？

上位アベレージパフォーマーへの働き掛けは、職場では偶発的に起きることです。たまたま上司と部下になったり、同じプロジェクトの一員になったりというような機会がなければ、なかなか起こらないと考えられます。またもともとハイパフォーマーの要素をもっている人でも、さまざまな経験を経て、ハイパフォーマーとしての行動様式を自然と身につけるものです。

こうした働き掛けや経験を意図的につくり出して、ハイパフォーマーを促成できるものとして「レジリエンス研修」というものがあります。レジリエンス（Resilience）とは、困難や逆境のなかにあっても心が折れることなく、状況に合わせてしなやかに対応する強さのことです。本書の言葉でいえば、仕事のストレスの増強要因に打ち勝つ力です。そのため、職場でできることは、ストレスの緩和要因でもある「周囲の支援」を強めることです。それによってストレスに打ち勝つ力を手にすることができます。一方、個人としてストレスに打ち勝つためにできることは、自己信頼度（結果予期、効力予期）と前向き度（有意味感、把握可能感、処理可能感）、すなわち「ストレス対処能力」を鍛えることです。

レジリエンス研修では、マネージャー層・リーダー層にレジリエンスとは何かを説明し、部下にどのような働き掛けをしたらよいかを伝えます。そこで学んだことをマネージャーやリーダーが現場で実践することで、自分の部下がハイパフォーマーに移行する契機を与えることが研修のねらいになります。ちなみに、ここで付け加えたいことは、研修参加者を絞らず一律に実施するよりも、アベレージパフォーマーの上位者に対して研修するほうが効果が現れやすいということです。

ある大手メーカーでレジリエンス研修を実施し、セミナー前後におけるストレス対処能力の変化を調べたデータがあります。これによると、有意味感に統計上有意な変化がありました。参加者数百人のうち、有意味感が中程度の人の割合が74・4％から70・5％に減少し、高い人の割合が14・8％から17・9％に増加しました。結論としては、レジリエンス研修では、有意味感の低い人たちを減らす効果はなかったものの、高い人を増やす効果があるということが分かりました。この知見がアベレージパフォーマーの上位者がハイパフォーマーに移行するという事実の根拠になっています。

考えてみれば、一を聞いて十を知る人がいる反面、十を聞いても何も響かない人がいます。研修の効果や効率を高めるためにはどうするか、というテーマを考えるヒントにもなります。これまでのように特定のテーマで実施する集合研修ではできなかったことが、リモートスタイルの普及で、参加者のレベルに合わせた個別性の高いテーマで研修することができ、研修効果が飛躍的に高まる可能性も出てきたと思います。

ベテランがローパフォーマーになる事情

40代半ば以上の人材の扱いに課題を抱えている企業が増えています。さすがにパソコンが使えないというビジネスパーソンは少数派になりました。しかしここ10年ぐらいのデジタル化の流れで技術の進歩が日進月歩となり、中高年の世代で新技術にキャッチアップできない人が増えているのです。一般の企業でもＩｏＴやＡＩといった新技術を活用した製品やサービスを提供するようになりました。このことによりＩＴ企業に限らず、新技術にキャッチアップできなくて悩んでいる人が増えています。ましてやIT業界ではもっと深刻です。

生涯現役のプログラマーやシステムエンジニアとして、先端技術に取り組む超人的なITエンジニアも存在しますが、ごく一部です。多くのITエンジニアは、キャリアを積むにつれて、顧客との折衝やプリセールスの支援、チームマネジメント、管理業務などに追われるようになり、新技術を勉強するために割く時間がなくなっていきます。そのうえ、若い頃の吸収力も失われるため、ますます新技術のキャッチアップが困難になっていきます。

こうして40代半ば頃になると、マネジメント系の仕事はできるようになっても、最新技術に関しては心許ないというITエンジニアが大勢を占めるようになります。そうなると、顧客と折衝するのが仕事の営業部門やユーザーと直接話をすることが多いシステム運用部門に配置転換される人が出てくることになります。

彼らはもともと、最新技術に日々接しながら、新しいシステムを開発したくてIT企業に入ったので、営業や運用の仕事に替わること自体、仕方ないと思いつつも、心の底から受け入れることができません。そうなると「仕事に意味や意義を見出す」感覚（有意味感）が失われがちです。あるいは慣れない仕事で、やり方が分からず（結果予期が落ちる）、遂行できるという自信もあまりもてません（効力予期が落ちる）。すなわち自己信頼度が下がります。さらに営業に異動した人なら売上が上がらない、運用に異動した人なら自分が作ったわけでもないシステムのトラブル対応に追われることになります。こういったことが続くと「自分はやれる」という感覚（処理可能感）が徐々に失われていきます。そのうち、いつまでこんな仕事を続けなければならないのかといった「先を見通す」感覚（把握可能感）にまで影響します。

こうしてストレス対処能力が徐々に広範囲に落ち込んでしまい、そもそも営業も運用もストレスが強く自分には向いていない仕事だということで、結果的にローパフォーマー化してしまうことになります。しかしながら、もともと経験値の高い年代であり生活も守らなければなりませんので、20代のようにストレスが直ちにメンタル不調に影響したり、有意味感の落ち込みが離職圧力を高めたりするわけではありませんが、パフォーマンス（業務遂行能力）が著しく下がってしまいます。

ここまではＩＴ業界の話でしたが、一般企業でもデジタル化、テック化が急速に進んできています。最新のデジタル技術にキャッチアップできていない中高年の技術職や研究職で同様の問題が発生しています。

システム運用業務がローパフォーマーを生みやすい理由

では、ローパフォーマー化したベテラン人材を再生するにはどうしたらよいのでしょうか。実際にあった事例を基に、考えてみましょう。

本件は、野村総合研究所内のシステム保守・運用（以下「システム運用」という）に携わるチームの話です。システム運用業務の担当者は、厳しい環境におかれています。以前はコンピューターのユーザーは研究所の研究員や、企業に所属するビジネスパーソンに限られていました。それが一般の人もユーザーとなったことで、システム障害の影響範囲が以前より広がり、そのためシステム障害を避けたいというプレッシャーが強まっています。それにもかかわらずシステム運用のコストを下げたいという要望が年々高まっています。減らされる予算のなかで、より高度で品質の高いサービスを求められているということなのです。

そのうえ、コンピューターのお守《も》りだけしていればいいというわけではありません。2000年代に入ってからシステム運用の世界では「ITサービス」という概念が広がりました。これは簡単にいうと、システム運用の範囲が、サーバーやディスク装置、ネットワークなどのハードウェアとそのうえで動いているソフトウェアだけでなく、ユーザーの業務および顧客へのサービスまで含まれるようになったという意味です。

これに関してはとらえ方を変えると、システム運用が以前よりやりがいのある業務になったということでもあります。しかしITサービスという概念が普及し始めた当初は、以下の理由でストレスを増強する要因ととらえられていました。

・範囲が広がったことで仕事が難しくなった
・以前はシステム開発者と向き合っていればよかったのが、向き合う相手が増えて人間関係が難しくなった
・業務範囲が広がることで業務量も増えた

またシステムトラブルは突発的に発生するため、その都度対応しなければいけません。大きなトラブルならば記録に残りますが、ちょっとした電話の応対で済んでしまうこともあり、それらは記録に残りません。しかし実はそのような業務のほうが多いのです。トータルするとかなりの時間になります。そうなると上長は部下の業務量が把握できなくなり、「あいつは何やら忙しそうだが、いったい何をやっているんだ?」ということになりがちです。このことも「人間関係が難しい」というストレス（増強する要因）になりますし、「業務の達成感が落ちる」というストレス（緩和する要因を失うこと）につながります。そもそも問い合わせの電話に振り回されていること自体が「業務の決定権」を奪われることであり、ますます強いストレスが積み重なります。

システム運用業務がもっている性質もこうした傾向に拍車を掛けます。システムは機能追加や不具合対応のために継続的に改修されることが普通で、結果として徐々に複雑化していきます。運用・保守をしているメンバー以外には中味が分かりにくくなるため、システム運用担当者は長期間同じシステムの担当をすることになります。その点においては業務の難しさはそれほどではなくても、新しいことを成し遂げるときの達成感を得る機会が少なくなります。また「いつまでこのシステムのお守りをしなければいけないのだ」という把握可能感の喪失にもつながります。

このようにシステム運用業務には、至るところに仕事のストレスを強め、ストレス対処能力の落ち込みにつながる罠が潜んでいます。その結果、ローパフォーマー化して、パフォーマンスが落ち、なかにはメンタル不調になる従業員が増えやすくなるのです。

ローパフォーマー化したベテランを再生するための具体策とは

しかしこの事例では、ローパフォーマー化したベテランを再生し、システム運用チームを活気ある組織にすることに成功しました。

方針は、強いチーム作りと一人ひとりのモチベーション向上の方法論を確立し、実践することでした。そのために日々のメンテナンスやトラブル対応に追われる「守りの業務」のイメージから脱却し、顧客サービスやユーザーサポートの改善提案といった「攻めの業務」へと転換していくことを決意したのです。

このような活動においては、対象業務（この事例では、システム運用業務）を業務改革活動と位置付け、①組織のトップによる活動の動機付け、②改善の実現に向けてサポートする仕組み、③活動成果を共有する場の提供の3つがポイントになります。

それぞれ①は有意味感や把握可能感の増大につながりますし、②は周囲の支援を増やし、人間関係の悩みを減らす方向に働きます。また③は有益な情報が共有されることで、仕事のやり方が分かり自分にもできるという自己信頼度の向上や処理可能感を高めることにもつながります。同じような悩みを抱えていることも分かり、共感を生むことで人間関係の悩みを減らすことにつながります。

一方で、やる気をもった意欲的なリーダー層、すなわちハイパフォーマーであるリーダーの投入も行っています。ハイパフォーマー上司はチームを活性化する力をもっているため、これも有効な策だといえます。

そのほかの策としては、自己アセスメントと改善計画の立案と成果確認があります。自己アセスメントでは、8つのカテゴリーごとに合計100のマネジメント項目を列挙し、各チームが回答して、自己診断ができるようにしました。回答時点でのチームの強みと弱みが一目で分かり、全体平均や時系列の比較ができることでチームの実力や成長が追えるようになっています。これは自己信頼度の向上につながります。

改善計画の立案とは、チームの強みと弱みを洗い出し、これらを基に改善目標や目標達成に向けた計画を立てることです。チームメンバー全員で強みと弱みを分析し、議論して、全員納得のうえで改善計画を立案し、計画書にまとめます。期末になると計画書を全員で振り返りながら、成果確認を実施します。こうした取り組みは、チーム全員で話し合う機会を増やすことにつながり、ストレス増強要因である「人間関係の悩み」を減らし、ストレス緩和要因である「周囲の支援」を高めることになります。また自分たちの強みが分かることで自己信頼度が高まります。さらにチームで計画を考えることで、把握可能感と処理可能感も高まります。仕事にやりがいやポジティブな意味が見いだせることになれば、有意味感も高まります。

最も重要なことは、仕事のとらえ方を変えたことです。例えば、システム障害が発生した際には、緊急でフォローすればよいという考え方でした。つまり、担当者はそれぞれ業務担当者の言われたとおりに仕事をすればよいという受け身の姿勢があったのです。対応も属人的で、顧客企業から直接担当者に連絡が来て、担当者もそれに対応するというものでした。見方を変えれば、人間関係・信頼関係ができているという状況ではありましたが、実際にはマネジメント不在な状態に陥っていたのです。

このマネジメント不在状態をどうにかしなければなりません。この事例では、まず3カ月間、顧客企業から電話でどんな連絡があったかすべて記録するようにしました。その記録を分析し、誰から誰にどれくらいの問い合わせや連絡があったかを「見える化」しました。その結果、顧客の問い合わせの傾向が分かり、顧客企業に対してさまざまな提案が行えるようになったのです。また見える化によって属人化も徐々に解消されていき、チームとして対応できるように変化したのです。

「やらされ感」溢れる受け身の姿勢から、顧客にこちらから提案していこうという積極的な姿勢に替わったことで、障害を減らしていくための改善こそが運用チームである自分たちの提案の機会や業務の拡大につながると気づきました。そしてより良い提案をするためには顧客企業もパートナー企業も巻き込んでいっていいのだという発想に変化しました。こうなってから急速に成果が上がり始めたといいます。

若手のローパフォーマーを引き上げる

こうして運用チームでローパフォーマー化していたベテランが見事に再生したのですが、それだけではありませんでした。ローパフォーマー化していた若手も再生したのです。

効率面だけを考えると、経験の浅い若手社員に任せるよりも、実績のあるメンバーで行うほうが確実ですし、短期間のうちに仕事をこなすことができます。実際にそうしていた結果、若手社員はいつまで経っても、より上の役割の仕事を任されずに向上心を失っていました。一緒に仕事をしないので、ノウハウも引き継がれません。こうしたことが積み重なり、若手社員の有意味感や把握可能感、処理可能感といった前向き度のすべてに悪影響を与えてしまい、彼らのモチベーションは低下していました。

そこで、ベテランのローパフォーマーの再生を支援していたメンバーが、活動の趣旨を若手を含めた全員に説明しました。そのあと、それぞれのメンバーが感じている課題や問題点を挙げてもらったところ、若手からは今まで、こういう話をしたこともなかったし、聴いてもらったこともなかったという声が多数出たそうです。「人間関係の悩み」を増大し、「周囲の支援」の不足を感じさせていたはずです。またベテランと話ができていなかったことで「把握可能感」も失われていたことでしょう。

また徒弟制度のような「見て覚えろ」という職人気質な仕事の進め方をしており、それにも問題がありました。若い社員は、運用業務とはそういうもので、それが当たり前の働き方なのだと受け止めていました。これは「業務の決定権」がない、「業務の達成感」がないなどと受け止めることにつながり、人によっては「有意味感」の喪失につながってしまったのだと思います。

ベテラン再生活動においては、一年目は強いトップダウンで業務改革を進めて、それなりの成果を上げることができました。それは会社にとっても顧客にとっても良いことでした。しかしチームの若手メンバーは、やらされているばかりで、ただ忙しかったという感想をもっていたのです。これでは業務の決定権がないと感じるでしょうし、達成感と有意味感の喪失につながったかもしれません。人によっては、人間関係が難しいと感じたことでしょう。そこでそののちは、活動の進め方を若手社員が中心になって考えるようにしたのです。

分からないところがあれば、若手社員はベテラン社員に質問し、聞いた内容を資料化して、少しずつノウハウを「見える化」していくようになりました。それまでは、先輩のノウハウを習得するチャンスがなかったのです。これでは周囲の支援がないと感じるでしょう。把握可能感や処理可能感の低下に結び付くと考えられますし、自己信頼度の低下にも直結します。

こうしたことに早く気づき、若手への悪影響を改善して、最終的には全員参加の活性化されたチームを作り上げることに成功しました。

有意味感がないという若い社員の離職率は高い傾向にあります。活動的な人は転職するのかもしれませんが、諦め感の強い人は会社に残って、有意味感が低いままローパフォーマーにとして働き続けます。その際には自己信頼度も前向き度もすべてが低くなっていきます。まずストレスチェックによって、仕事のストレス要因と個人のストレス対処能力、および職務統制傾向を見極めることが重要です。そして適切な対応によって、ビジネス適応力の向上を図ることをお勧めします。

若手だけでなく、ベテランもまったく同じことですが、伸びしろも吸収力も大きい若手のほうが急成長する可能性があるのです。

データがあることで効率的で再現可能な対策が取れる

ローパフォーマー化した人材を再生させるということで、野村総合研究所の事例(p.122)は、とても参考になります。一つだけ残念なことは、データが存在しないため、パフォーマンスに関連する数値がどのように変化していったのかが分からないことです。

実は『野村総合研究所のやる気を引き出すチーム改革』(アスキーメディアワークス)は2010年に刊行された本であり、そのなかで2003年から2009年にかけての取り組みをまとめています。ストレスチェックデータを取得するという考え方さえ普及していなかった時代の取り組みなので、データが残っていないのは致し方ありません。むしろデータの助けを借りずに、本質に沿った合理的な取り組みをしていたことに驚嘆させられます。

現在ではパフォーマンスに影響を与える要因をデータとして見える化できるようになったため、パフォーマンス向上という意味では、ピンポイントで効率の良い取り組みが可能となっています。毎年データを取ることで、組織や個人の成長度合いも分かります。何よりもデータに基づくことから再現性のある取り組みが可能です。これはどのチームでも基本的に同じ考え方が適用できるということです。また取り組み自体の改善も、データを見ながら常に行うことができます。

野村総合研究所の取り組みは、洞察力の高い人たちが物事の本質をとらえながら、それでも多くの試行錯誤と関連各所・各者の説得を繰り返して進めてきたものです。なかなか真似できることではないように思います。しかしデータがあれば、科学的なアプローチで、関係者の説得を含めて、もっと効率良く進めることが可能になります。もちろん最終的には人間への働き掛けになるので一筋縄ではいきません。しかし一筋縄でいかないからこそデータとそれに基づくエビデンスの助けは大きいのです。

ローパフォーマーを役職から外してあげる

ビジネス適応力をベースに、ローパフォーマーを再生する方法として、ローパフォーマーで役職に就いている人をその役職から外してあげることも一つの手です。ビジネス適応力は数値的なエビデンスを基に明確にA（最高）～E（最低）までがランク付けされます。上司や人事担当者による定性的な評価ではないため、説明しやすいのです。

説明しやすいだけでなく、実態も反映しています。D、Eランクの人が役職につくとやはり精神的に苦しいのです。あるメーカーの営業部門で役職に就いていたCさん（仮名）は、ある日人事担当者と上司である部長が同席した3者面談を受けました。ビジネス適応力判定ではDランクであることを告げられ、劣っている要素について説明を受けました。人事担当者から「ずっと苦しかったのではないですか？」と聞かれて、涙が出そうになったといいます。

「人事に言われたように、確かにずっと業績が上がらずに悩んでいたのです。その理由が明確になり、ホッとしました。自分のどこを直していけばいいかが具体的に分かったので、いったん降格を受け入れて、再起を図ることにしました。つらい決断でしたが、以前よりずっとイキイキ働けているし、会社にも貢献できている実感があります」とCさんは1年後に語ってくれました。

Cさんのように納得して降格を受け入れてくれる人ばかりではないかもしれません。自社に応用する場合にはなんらかの工夫が必要になります。例えばある情報提供会社の部長は、パフォーマンスが落ちている課長とその部下のビジネス適応力の測定結果を見て、課長の苦手な項目を、それを得意な部下に任せるという方法で、部門全体の生産性を高めることに成功しました。

いずれにしても、役職に向いていない人が抱えている責任をいったん外してあげることが、本人のためにも会社のためにもなるケースが多いようです。このようなことが可能なのも、ビジネス適応力が定性的な評価ではなく、数値的エビデンスに基づく評価だからといえます。定性的な評価では、悪い評価は反発を招きがちですから、到底受け入れてもらえないことが多いのです。

子会社のパフォーマンスを上げるには

大企業でありがちなことは、関連子会社にパフォーマンスの落ちた人材を出向させたり、転籍させたりすることです。これは本社から送り込まれた本人のモチベーションを下げるだけでなく、子会社の生え抜き社員のモチベーションを下げることにもなります。元本社社員と生え抜き社員の間に壁ができることも多く、そうなると人間関係が難しいということでストレスが高まります。

子会社の人事機能を本社の人事部がもっていることも多いのですが、本社の人事部は子会社の人材開発について把握していないケースもあります。場所的に離れていることが大きいのですが、時間もないのです。

このような背景から、子会社にはメンタル不調に陥る従業員が増える傾向にあります。対策としては、面倒見がよく、ムードメーカー的な性格で、ストレス対処能力が高いシニアを子会社の組織潤滑剤として送り込むことです。本社では今一つ力を発揮しきれなくなったベテランを、子会社の生産性を上げるために活用できることになり、シニア再生の一つの好例といえます。

派遣社員や客先常駐者のパフォーマンスを上げるには？

ＩＴ業界に多い働き方として、派遣や客先常駐があります。

その違いはというと、派遣は人材派遣業者として登録している会社が人材を、企業の要望と本人の希望とでマッチングして、企業に紹介することです。派遣社員は派遣された企業の就業規則に従って働きます。一方、客先常駐者は、業務上の都合で顧客先に場所を用意してもらって、主に顧客先企業で働くことです。この場合は自社の就業規則に従って働くことになります。客先で働くことも継続的ではなく、一つのプロジェクトが終わるまでというのが普通です（ただ実態として、同じ顧客の新しいプロジェクトに次々と参画させられて、ほとんど客先の社員と変わらなくなったような人もいます）。

このような違いはありますが、所属している企業ではなく、よその企業で働いているという点では、派遣社員も客先常駐者もまったく同じです。

派遣社員や客先常駐者にもそれぞれの利点はあります。それは客先で先方の社員の刺激を受けながら、社内では身につかないようなスキルを身につけられることです。社内のしがらみといえるような人間関係からも解放されます。

しかし会社員にとっては所属意識というのも大切であり、所属している組織から切り離されると「自分は何のためにこの会社の社員になったのだろう」という悩みにとらわれて有意味感を失うことがあります。「自分はずっとこうして所属する組織と離れて生きるのだろうか」と把握可能感が低下することもあります。そうなった場合にはストレスに対処できなくなり、メンタル不調に陥りやすくなるわけです。

派遣社員や客先常駐者がメンタルヘルス不調に陥ると、送り込んでいる会社も困りますし、彼らを受け入れている顧客企業も困ります。送り込んでいる側が一般の企業であれば、定期的に自社に戻る機会を作り、上司が積極的に面談すべきですし、派遣企業であれば、経験豊富なマネージャーが派遣先を巡回して、派遣社員の困りごとを聴くべきです。一般企業でも、上司が顧客に挨拶がてら定期的に訪問し、社員の様子を見るというやり方もあります。

また受け入れている側の顧客企業も自社社員との壁を作らないようにしたり、マネージャーが派遣社員や客先常駐者に対して親身になって接したりするなどの配慮が必要になります。

いずれにしても定期的なストレスチェックを行い、有意味感や把握可能感などの数値を特に重点的にチェックし、メンタルヘルス不調の兆候が現れても早期に対応できる体制を整えておくことが肝心です。

科学的人事ができている「良い会社」とは？

日に日に技術が進化しているのに、企業を取り巻く環境は複雑さを増す一方であり、解決すべき課題は年々難しくなっています。しかも少子高齢化で労働人口は減少の一途です。生産性を高めることが企業にとっての喫緊の課題となりました。

このような背景のなか、「ストレスを自分の成長の糧と認識し、一方で会社全体の成長性向上についても思いを馳せることができる」人材が必要とされており、そのような人材を育成または採用できる会社がこれから伸びる良い会社なのではと考えています。

これからのビジネス人材にとって、コンピューターのＯＳに相当するものが、ビジネス適応力です。自己信頼度、有意味感、把握可能感、処理可能感が高く、職務統制傾向のバランスのことです。

どんなにハードウェアが高性能でも（地頭が良く学歴が高くても）、また使い勝手の良いアプリケーションソフトをそろえていても（スキルやノウハウ、リーダーシップやコミュニケーション能力など多くのビジネス能力を備えていても）、ＯＳが古かったり、バージョンアップされていなかったりすれば、ハードウェアやアプリケーションソフトのもつ力を発揮させることはできません。

能力開発はこれまでも行われてきましたし、その重要性が失われたわけでもありません。しかしOSに目を向けずに、アプリケーションソフトの機能や性能ばかり向上させたとしても、その機能や性能をフルに引き出せないのは実にもったいない話です。

本来、ストレスチェックはメンタル不調を明らかにするツールですが、私たちのツールには個人と職場のストレスに対処する能力を調べる機能が入っており、この機能がOSの性能も表しています。どんな性能で、どのような状態になっているかがストレスチェックを実施することで副次的に分かるのです。メンタル不調を解消したりうつ病を治療したりするときに通院し、投薬してもらうことで症状を改善したり病気を治癒させたりすることができます。それと同時に、職場に戻ってから再発させないためにはOSの性能アップがとても重要になります。

高度経済成長期であれば、パフォーマンスが低下した人材が多くいても問題はなかったのかもしれません。高度経済成長期が終わって、バブルが崩壊し、失われた30年などと言われる今の時代になってからは、企業はできるだけ正規雇用者を減らし、派遣社員やアルバイトあるいは外注で賄うことで、自身をスリム化してきました。こうすることで、ローパフォーマーをうまく減らしてきたのかもしれません。

しかしこのようなやり方はこの先もう続かないと思います。「持続可能」ということが強く叫ばれるようになってきましたが、それは企業にも求められることです。ハイパフォーマーにもっとパフォーマンスを発揮してもらえる環境を整えつつ、彼らの牽引力によって会社が活性化され、根本的な生産性を高めていくことが生き残る道です。

そのためには、勘と経験に頼った人の選定ではなく、データとエビデンスに基づいて、効率よく会社全体の生産性（付加価値額）を高めていく必要があります。

とらえるべきデータは、マイナスに落ち込んだ部分（ストレス構造）をストレスチェックによって把握し、ストレス要因を見定め、マイナスをゼロに引き上げるとともに、ストレス対処能力、職務統制傾向を把握することでゼロをプラスに、そしてプラスをさらに高めることです。

判定すべきは各個人の心身のストレス状況とビジネス適応力です。これらがどの部署にどのように分布しているかを知り、問題のある部署から順番に対応していかなければなりません。上手に対応するためにはハイパフォーマーの配置をよく考えることが重要です。

対処して終わりではありません。データを時系列に比較して、推移を見ていく必要もあります。対策は成功しているのか、新たに問題が発生している部署がないかなどを定期的にチェックしなければなりません。

もちろんストレスチェックだけではできないことも多々あります。しかし、ストレスチェックのデータと、そこから派生したビジネス適応力のデータだけでも、このようにさまざまなことができるのです。少なくとも生産性を高めるために有効なデータはそろいます。それを活用しない手はありません。

［第5章］

サイエンスドリブン――属人的人事から脱し、科学的人事で会社を成長に導け

高度経済成長期の成功体験にいまだにとらわれている日本企業

終身雇用と年功序列は崩壊しつつあり、日本企業も従来のメンバーシップ型雇用からジョブ型雇用に生まれ変わろうとしているとよくいわれます。一部のベンチャー企業やスタートアップ企業はそうかもしれません。外資系企業もトップの多くがヘッドハンティングであり、社員もキャリア採用の即戦力で占められているイメージがあります。

しかし多くの日本企業は、いまだに終身雇用・年功序列をベースとした人事制度を引きずっているのが大半という実感があります。その証拠として指摘したのが、大企業を中心に新卒一括採用が一般的に行われていることです。今どき中途採用をしない会社は珍しいとは思いますが、キャリアパスの考え方の中心には、今でも一括採用した新入社員がそのまま勤め続け、早い人で10年目ぐらいからは役職者になり、そのなかのトップ中のトップが役員になっていくという生え抜き人事が主流です。

一方で、例えば海外リーダー企業は、生産性が高く、高収益で、時価総額も高く、経営目標は企業価値の向上です。また必要に応じてM&AやCVC（コーポレートベンチャーキャピタル、投資会社でない普通の事業会社がスタートアップ企業に投資すること）などの手段で自社人材以外を活用しますが、多くの日本企業は少なくともコア技術に関しては、社員だけで進めることにこだわるといわれています。海外リーダー企業は、ステークホルダーとして株主や社会を重視しますが、日本企業は社員を重視します。

どちらが良い悪いではありませんし、以上のような価値観で高度成長を成し遂げ、世界の企業の時価総額トップ10の半分以上を日本企業が占めた時代が、事実としてあったわけです。しかし企業側が終身雇用を考えているのに、新入社員の3割以上が3年以内に離職する現実がある今、日本企業もそろそろ考え方を変えざるを得ません。伝統的日本企業は高度成長の成功体験にいまだにとらわれているように思えます。

生産性を高めるという観点からは、海外リーダー企業のようにトップパフォーマーをもっと厚遇し、その分パフォーマンスを発揮し、現場にも良い影響を与えてもらい、一方でローパフォーマーを諦めずに再生させる努力を重ねることが必要です。

日本では平等を重んじるがために、トップパフォーマーやローパフォーマーを区別することに対しても慎重です。この状況を変えていくことが政府のいう「働き方改革」や「一億総活躍社会」を実現する方向になると思います。

もっと役に立ちたいパートタイマーたち

日本では、出産をきっかけに退職し、子育てに全力を尽くしたあと、再び働き始める女性が多いのが現実です。多くはパートタイマーや派遣社員として働いています。彼女たちのパフォーマンスを測定したところ、ポテンシャルとして高いパフォーマンスをもちながら、その7〜8割程度しか活かせていないことが分かりました。

日本にはさまざまな制約があります。まず年収103万円を超えると所得税が課せられるようになります。年収106万円を超えると条件によっては社会保険に加入しなければならなくなります。年収130万円以上になると扶養家族から外れることになります。扶養家族から外れるということは、無条件に社会保険料を払わないといけなくなるということです。また配偶者の年収が150万円を超えると配偶者特別控除が減額され、201万円で控除額がゼロになるという税制もあります（2021年現在）。

このような複雑極まりない細かい制約があるため主婦が働こうとすると、いったいいくらまで給料をもらえばいいのだろうかと悩むことになります。結局は130万円を少し下回るぐらいが一番手取りが多くなるといわれています。そうなると月10万円程度の給料ということになります。

夫が働いていて、それなりの年収があるのであれば、月10万円が家計の足しになりますし、実際、そう考えて働いている女性が多いと思います。

それでも月10万円という額は、企業側から見ればそれほど大きな額ではありません。したがって高度な仕事をその額でやってもらおうとは思っていません。補助的な業務をそこそこやってもらって正社員を助けてもらえれば十分と考えています。

しかし女性のパートタイマーや派遣社員のパフォーマンスが下がっているのは、給料が安いからではありません。そこは制度なので不満はあろうとも、ある程度割り切っている人が多いと思いますが、女性のパートタイマーや派遣社員のストレスチェック結果を見ると、会社における役割について認めてほしい、「ありがとう、役に立っていますよ」という一声がほしいという気持ちが読み取れます。もっとやりがいのある仕事を与えられたり、あるいはある程度の裁量も欲しかったりするのです。有意味感や業務の決定権と達成感が失われているのです。

退職前にはかなり高度な仕事をしていた女性も多く、そういう人ほどせっかくの高いパフォーマンスが発揮できないでいます。実際、パートタイマーの女性が上場企業の役員や社長になる例も見受けられるようになり、女性のパフォーマンスは計り知れません。

少なくとも女性は補助的な仕事でいいという考え方は改めるべきです。

今より一層忙しくまた責任が重くなることを望んでいる人が多いかどうかは別にしても、やりがいのある仕事がしたい、仕事の成果と役割に対して承認されたい、ある程度の裁量もほしい、すなわち、有意味感や達成感が感じられる環境で仕事がしたいと思う人がほとんどでしょう。少なくとも非正規の方のデータはそのように語りかけてくるように感じます。

「伐採」されている日本のシニア層

一方で、男性の雇用も大変です。多くの企業の人事部が抱えている問題としては、男性シニア層の多くが有意味感を失って、ローパフォーマー化している実態です。

これは私たちのストレスチェックのデータからも明らかになっている事実です。

慶應義塾大学教授でヤフーのCSOでもある安宅和人さんが上梓した『シン・ニホン AI×データ時代における日本の再生と人材育成』（NewsPicksパブリッシング）という本が、2020年にベストセラーになりました。

同書のなかで、安宅氏は日本では埋もれたままの「未開拓の3つの才能と情熱」があるとし、それは若者、女性、シニア層だとしています。そして〝65歳で「伐採」されるシニア層〟という刺激的な見出しで、以下のような指摘をされています。

・最も経験値を積んだ熟練労働者は能力と関係ない理由、すなわち「定年」という理由でいきなり退場させられる

・体力や仕事に対するモチベーションが落ちて、本人が選んで辞める、あるいは価値が生み出せないから辞めるというのであれば分かるがそうではない。65歳になった途端に、仕事ができなくなることはない。生きている限り価値を生みだせる社会にすることは大事である

・仮に各年齢の人数が同じだとして、20〜65歳ではなく、20〜80歳まで範囲を拡げるだけで、3割以上（60÷45＝1・33）の労働力が増える

・定年制を廃止すると余剰人員を吐き出すことができなくなるという考え方もあるが、これは①定年制という仕組み以外で人を吐き出せない、あるいは②生産性を上げるためのマネジメントができていない、③既存の業務で価値をうまく出せなくなった人たちのスキル再生ができていないという、日本企業の組織運営課題を単に訴えているだけではないだろうか

シニア層はなぜ有意味感を失っているのか？

私は、この安宅氏の指摘に触発されて、なぜ日本のシニアは有意味感を失っているのかを考えてみました。ちなみに安宅さんのいうシニア層は主に65歳以上を指していますが、ストレスチェックのデータから読み取れたシニア層は50歳以上です。

まず、中核社員を選抜するタイミングは業種や業界によって異なりますが、どの企業でも一定の年齢から管理職として部下をもち昇格を続けていく社員とそれ以外の「選ばれな

い社員」とに分かれます。そして選ばれない社員のほうが数が多いのが普通です。「必死で頑張ってきたのに、自分は選ばれなかった」という事実が、彼らのモチベーションを大いに下げることになります。なんらかの手立てを講じない限り、組織のなかに「やる気を削がれたローパフォーマー」が大量に出現することになります。

高度経済成長期では、事業領域が毎年のように拡大し、子会社の数が継続的に増えていきました。そのためローパフォーマーにセカンドチャンスを与えることは難しくありませんでした。本社で選抜に漏れても、子会社や関連会社で管理職ポジションを与えられ、プライドと意欲を取り戻せる再チャレンジ機会を得られていたのです。

しかし経済成長が止まり、成果主義が導入されました。以前よりも選抜のタイミングが早まる一方で定年は延長されたため、ローパフォーマーが社内にとどまる期間が長期化します。それに加えて、役職定年が導入された結果、50代以降は報酬が頭打ち、あるいは削減される企業も少なくありません。

どんな組織でも選抜に漏れる人の数は選抜される人より圧倒的に多く、このグループの生産性向上を諦めてしまうと、いくら少数の選抜組や若手社員がスキルを磨いて生産性を高めても、組織全体としての生産性を上げるのは至難の業です（組織全体の生産性を上げるためには、ハイパフォーマーが力を発揮するとともに、彼らの牽引によってアベレージパフォーマーやローパフォーマーも活性化することが必要です）。

戦力外シニア・ローマパフォーマーを特定部署に集める会社もありますが、それをすると言葉は悪いですが、社内に「姥捨山」のような部署が出現してしまうことになります。これはほかの社員に与える悪印象・悪影響が大きくなります。一方で目立たないように各部署に分散させて配置すると、「どの部署にも働きの悪い中高年がいる」という状態になり、若手社員のモチベーションに悪影響を与えます。

いずれのやり方でも、放置されたシニア社員は将来の自分の姿として映り、「組織に人生を左右されない働き方」を真剣に模索する社員を増やすきっかけになり得ます。またシニア・ローパフォーマーと若い管理職の年齢逆転が生じると、元上司を部下にもつ管理職のパフォーマンスを下げる要因になります。中高年社員のプライドを傷つけることを恐れたり、元上司である年上の部下に気兼ねして必要な指導を躊躇したり、管理しづらい元上司を戦力外としてほかの若いメンバーだけで成果を上げようと無理をしたりするからです。

さらに選抜に漏れた人のプライドを保つために「部付部長」「副部長」といった肩書きだけで部下のいない管理職を増やせば、形式的にもらわなければならないハンコの数が増えて、現場の意思決定が遅くなるといった悪影響も生まれます。

また「新人はやる気に溢れているが、中高年社員は新しいことを学ぶ気力や柔軟性に欠けている」「若い人は教育しがいがあるが、中高年社員は教育しても変わらない」といった偏見や思い込みがあって、シニア・ローパフォーマーの再教育と育成を全面的に諦め、放置してしまっている状況がとても多いのが現実です。

選抜に漏れたシニア層を社内に抱え続け、かつ成長させることも諦めてしまったら、その人は残りのキャリアを、もはや可能性の見いだせない組織のなかで「飼い殺し」にされてしまうことになります。解雇しないという意味では「優しい」のかもしれませんが、その人の人生を本気で思うならあまりに厳しい処遇ではないかと思います。

このような処遇に遭っている人たちが、自分の人生の有意味感を失うのは無理もない話です。

ではシニア・ローパフォーマーにはどう対応すればいいのか？

有意味感を失っているシニア・ローパフォーマーへの対応方法としては、「会社の期待値」をメッセージとして伝えることが重要です。ただし「諦め」に基づく期待値ではありません。本来、その給与であれば何をしてもらいたいのかという期待値であり、聞く側もやりがいを感じられる期待値です。

その期待値と比べて、現在出している成果がどれくらい低いのか、何が足りていないのか、現状認識を率直に伝えて、双方納得のうえで共有することが大切です。

選抜に漏れて落ち込んでいる人に、わざわざ何が悪いのかをこと細かく説明し、あたかも新人向けのようなテクニカルな研修を受けさせるのは申し訳ないという遠慮・配慮が組織側にはあります。しかしそのような遠慮・配慮はかえって喜ばれません。なかにはうれしく思う人もいるかもしれませんが、「それが自分のためになるか？」と聞かれて「ためになる」と答える人は少ないと思います。評価を率直に伝えて、現時点の自分のパフォーマンスを正確に知らせ、少しでも生産性を上げる方法を学んでもらうための支援をすることのほうが、その人のためを思った優しい処遇であるはずです。

年齢を重ねてからでも、誰かが自分に期待を寄せてくれ、真剣にフィードバックしてくれ、新しいことを学ぶ機会が得られている。成果を出せば褒められるし、出せなければ率直に指摘され、アドバイスをもらえる。こういった状況におかれて初めて、人は「自分は期待されている。期待に応えなければ」と感じるのです。

だからこそデータがあることが重要

「自分は期待されている。期待に応えなければ」と感じるのは、男性シニア・ローパフォーマーだけではありません。老若男女関係なく、またハイパフォーマーでもアベレージパフォーマーでも同じはずです。

とはいうものの、上司や人事部から、定性的な評価に基づいて、ローパフォーマーだと決めつけられたとしたら、彼らからのフィードバックやアドバイスを受け入れるのは、誰にとっても簡単ではないと思います。もしかしたら彼らの言うとおりかもしれないと思いつつも、まず反発・反論から始まってしまうものです。相手が定性的な評価を下す場合には、こちらの反論も感情的になりやすくなります。たとえ論理的に反論したとしても、悪感情は面《おもて》に出ます。いつもより興奮した口調になり、表情も険しくなります。そうなるとフィードバックしている側も依怙地になるかもしれませんし、逆に以降は遠慮するようになるかもしれません。いずれにしても定性的な評価からは、良い結果が生まれることは少ないと思われます。

だからこそデータに基づくパフォーマンス評価が必要なのです。

企業が従業員に求めることは、詰まるところ、一人ひとりが高い付加価値を生みだすことです。各個人が1年間に生みだす付加価値額が生産性であると本書では定義しました。生産性というと効率のことだと考える人が多いのですが、実際に求められる生産性は生みだす付加価値になります。

そのうえで、「生産性＝能力×時間×パフォーマンス」であることを明らかにしました。日本の企業ではこれまで能力教育はしっかりされてきました。能力評価も例えばもっている資格など、比較的客観的に評価することが可能でした。一方で付加価値を生みだすために長時間労働が常態化していた現実がありました。「働き方改革」が叫ばれる今、長時間労働に依存する経営はもはや許されません。

そこで注目すべきはパフォーマンス（業務遂行能力）ですが、今まで教育・訓練によるパフォーマンス向上は行われてきませんでした。それはパフォーマンスを測定する指標がなかったからです。そこでコンピテンシーという考え方が注目されてきました。コンピテンシーとは、パフォーマンスの高い人の行動様式を記述したものです。多くの企業で、コンピテンシーを集めたコンピテンシー・ディクショナリーを作成し、それに基づいてパフォーマンスを評価するようになりました。

しかしコンピテンシーは抽象的であり、それに基づく評価はどうしても定性的になります。定性的な評価に基づくフィードバックは反発を招くことも多く、評価する側にもされる側にもあまり有用でないことが多いのも事実です。

客観的なパフォーマンスの指標が必要であり、その指標に基づいたフィードバックおよび教育・訓練が必要だと私たちは考えました。その考えに基づいて開発したのがストレスチェックのＰＲＡＳ（ピーラス）であり、ビジネス適応力検査ＣＰＡ（シーピーエー）です。

ストレスチェックによって、個人が抱えている仕事上のストレス要因（増強要因と緩和要因）が数値化され、さらに各個人のストレス対処能力（自己信頼度と前向き度）も数値化されるようになりました。ビジネス適応力検査により、さらに職務統制傾向（内的傾向と外的傾向のどちらに自己の行動がコントロールされるか考える度合い）が分かります。私たちは、パフォーマンスの実体をストレス要因とストレス対処能力および職務統制傾向を総合した指標でとらえられると考えています。

これはストレスチェックを長年続けることで蓄積されてきた、多くの企業のビッグデータを分析して分かったことです。またビッグデータが存在するおかげで、個人のパフォーマンスを全国平均との比較から偏差値という客観的な数値で表現することが可能になっています。

偏差値と聞くと、大学の序列を決める数字であり、日本の学歴社会の元凶として忌み嫌う人も多いようですが、実に残念なことです。偏差値をそのように取り扱う一部メディアに問題があるのであって、偏差値自体に罪はありません。むしろ偏差値は、極めて客観的かつ公平な指標だといえます。だから統計処理では頻繁に使われるのです。

偏差値が公平だという理由を少し説明しましょう。私たちが多くのデータを統計解析する際には、データを適切な範囲で区切り、範囲ごとにいくつのデータがあるのかを数えた度数分布表というものを作成します。それをグラフ化したものをヒストグラムといいます（図表12）。

データの取り扱いが正しく、またデータの数が多くなれば、ヒストグラムは平均付近に山の頂上があり、左右対称な釣り鐘型になることが知られています。同じ釣り鐘型でも、平均付近にデータが集まっていれば縦長のグラフになりますし、平均からデータが散らばっていれば横長のグラフになります。データのバラツキの度合いを標準偏差といい、平均を50として、標準偏差分だけ左にずれた位置を40、右にずれた位置を60としたものを偏差値といいます。さらに左に標準偏差分だけずれると30、右にずれると70といった具合です。

例えば平均点は同じ50点でも、数学のテストの標準偏差は15で、国語のテストの標準偏差は20だったとします。このとき数学の80点と、国語の80点を同じレベルとしてよいでしょうか。この標準偏差の違いは、数学で15点点数を上げることと国語で20点点数を上げ

［図表12］ヒストグラムの例

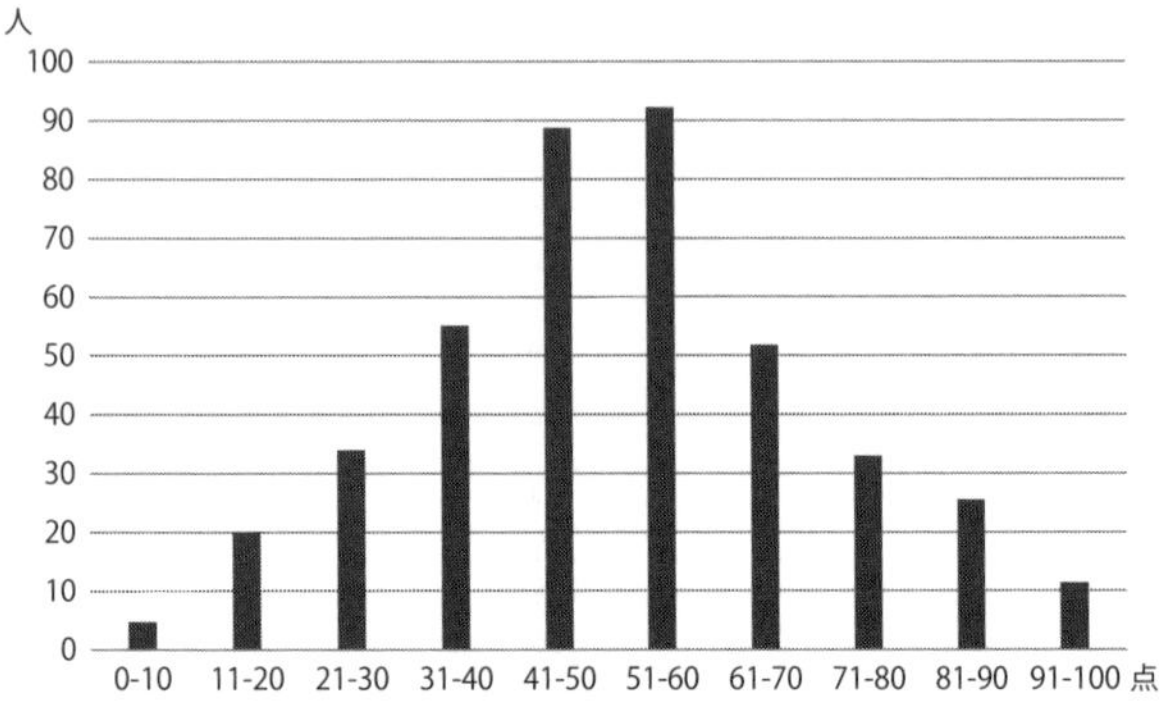

ることは、統計的に見れば同じだけの能力差が必要ということを意味します。つまり数学の65点と国語の70点は同じ能力の高さと認められるということです。偏差値を計算すると、数学の80点は偏差値70、国語の80点は偏差値65となり、数学の80点のほうが能力が高いということになります。統計的な観点で見ると、得点をそのまま比較するより、偏差値を比較するほうが公平なのです。

ただし偏差値で比較するといってもデータが少ないとあまり意味がありません。ビッグデータといわれるレベルの大量なデータを適切に前処理して、統計的に意味のある分布が得られたとき、そこに偏差値を当てはめることで、確率・統計的に妥当な結論が導かれることになります。したがってストレスチェックのビッグデータに偏差値を当てはめて、個人を評価することは極めて妥当なことだと数学的（統計学的）に結論付けることができるのです。

パフォーマンスの測定とフィードバックおよび育成の普及を使命と考える理由

私たちは、パフォーマンスを測定するということ、測定結果に基づいて従業員に適切なフィードバックをするという文化を創ること、さらにパフォーマンス値に基づいてパフォーマンスを伸ばす（パフォーマンスは性格ではなく、能力なので伸ばすことができます）ための育成手段と実際の成長度合いを適切に評価する方法を提供することを使命と考えています。

２０１５年12月から、常時50人以上の従業員がいる事業者に年１回のストレスチェックが義務付けられました。そのはるか前の２００３年からストレスチェック事業を行い、私たちは膨大なストレスチェックのデータを集めてきました。まだまだ仮説の部分もありますが、それらデータからパフォーマンスの意味が分かり、パフォーマンスを数値化することで実用化のレベルに達しつつあると思っています。数十社に、このツールを用いたトライアルをお願いしており、今のところ評価は上々です。

しかし、まだ多くの人が、この事実を知らないと思います。多くの企業のストレスチェックやそれに基づく研修、コンサルティング、あるいは調査報告書の作成に携わってきたとはいえ、日本全体ではごく一部です。パフォーマンスが測定可能であり、しかも成長させることもできるという事実をもっと数多くの人が知り、常識となり、多くの企業が当たり前のように理解し、取り入れることで、日本企業の生産性向上に寄与できると信じています。

ただ逆にいえば、パフォーマンスが測定可能・育成可能という考え方が普及してこなかったのは、私たちのPR不足だったのではないかという反省があるのも事実です。世のなかに役立つものは自然と広がると考えています。さらに、事実やデータに基づくエビデンスが示されれば、普及が加速するだろうという予想もしています。

しかしこのような世のなかによくある「良いものなら売れる」という考え方は経営者としてはいささか怠慢ではないだろうかと思うようになりました。幸いあまりPRしてこなかったことで、大量のデータが蓄積され、エビデンスには事欠かなくなりました。したがって今後は、危機感と使命感に則って、ストレスチェックとビジネス適応力検査をもっと本格的に普及するためにＰＲ活動に力を入れていきたいと考えました。

ハイパフォーマーであるリーダーが生産性向上を牽引していく社会の実現に向けて

日本社会は、組織に属する人たちの合意形成を大切にしてきました。基本的には全員合意が目標であり、それが不可能な場合でも論議を尽くしたうえで決めるべきであり、強引な意思決定に対しては大きな抵抗感があります。

私も合意形成は大切だと考えますが、それが行き過ぎると時間ばかりかかって何も決まらない、その議題に関係なくても全員が会議に呼ばれて無駄な工数が発生する、みんなで合意したことだからと責任の所在が不明になるなど弊害も多く見られるようになります。

米国の企業や大学では、リーダーシップとは新入社員も含めた全員がもつべきスキルであり、それはスキルであるがゆえに学ぶことができ、訓練することで誰もが身につけられると教えています。そして、組織全体におけるリーダーシップの総量を増やすことなく、たまたま現れる「カリスマリーダー」の力だけに頼っていては、組織が大きくなればなるほど成果が出にくくなると考えています。

このリーダー育成こそ、私が言うところのハイパフォーマー育成にほかなりません。ハイパフォーマーの素地をもつ人を見つけ出し、早期から教育・訓練することで若いうちからリーダーとして育成し、彼らに組織全体を牽引してもらいます。

一方で、アベレージパフォーマーでも上位の人たちは、ハイパフォーマーに引き上げる教育を実施し、さらにローパフォーマーであっても、やりがいや達成感のある仕事の与え方を工夫し、徐々にパフォーマンスを引き上げていく、というようなことがあらゆる企業で可能になれば、メンタル不調に陥る人は激減するでしょうし、減った分だけ幸せを感じる人が増えると思うのです。それと並行して、生産性が高まり、日本全体が生みだす付加価値が増えることで富が生まれ、国民一人ひとりが今より豊かになっていくことでしょう。ハイパフォーマーはそれに見合った高収入を得ることで、一見格差が広がるように見えますが、現在ローパフォーマーと目されている人たちも付加価値増大に一役買うわけですから、当然その分所得が増えることになるはずです。

日本は、1990年代初頭のバブル崩壊以後、失われた30年ともいわれる長い沈滞期を送ってきました。その間に少子高齢化が進み、未来に対して悲観的な人、夢をもてない人が増えているように感じます。生産性の向上、つまり付加価値の増大だけでは解決しない問題も多々ありますが、それで解決してしまう問題も同じく多々あるのです。

私たちの提案している生産性向上策は、同時にメンタル不調に陥る人を減らす策でもあります。多くの人が幸せになれる提案だと思っています。

私たちがもっているパフォーマンスについての考え方が普及し、一人でも多くの人が安らかに生きがいをもって、これからの時代をしなやかに生きていけるようになればと心から願っています。

おわりに

2020年の前半（3～9月）と後半（10月～2021年2月）に分けて、それぞれの期間の前年同期比で、コロナ禍の影響で誰がストレスを抱えているのか、また誰のパフォーマンスが落ちているのかを年代別データを基に調べてみたところ、意外な結果となりました。私は経験値の低い若い社員が強く影響を受けているに違いないと想像していたのですが、意外にも40代後半の中堅・幹部クラスのパフォーマンスが最も落ちていることが判明したのです。

長引くコロナ禍の影響で企業活動のアクティビティが落ちた分、当然ながら業務量や人間関係によるストレスは少なくなっていました。特に営業部門での落ち込みが顕著でした。個人の成長を担保できる水準を下廻らなければ、ストレスが減ること自体は悪いことではありません。しかし、後半になるとストレスチェックの自由記載欄に記入する人の数は例年の1・5倍に増えました。記載された内容を一言で表すと「不安」というキーワードに要約できます。

一方、パフォーマンスは前半には悪化しなかったものの、後半になって悪化していることが分かりました。パフォーマンス悪化に最も影響を与えたのは、この先いつまで続くのか分からないという不安、先行き不透明によってもたらされる把握可能感の落ち込みです。現時点（2021年5月末）での結論は、長引くコロナ禍によって、①パフォーマンスの低下、すなわち先を見通すことで引き出される内なるパワー（今を踏ん張る力）が弱まったこと、②人と人の関係性から生まれるシナジー効果（相乗効果）が弱まったことです。

この先、緊急事態宣言がどこまで延長されるのか、また感染拡大の波が何回繰り返されるか分かりませんが、今こそ、個人と組織がストレスに打ち勝つ力、パフォーマンスを常に一定以上に保つ力、つらい状況に耐え抜く力を身につける絶好のチャンスだと前向きに考えています。

ストレスチェックでは、良くも悪くも職業性の要因しか把握できません。ストレスの増強要因も緩和要因もストレス対処能力（自己信頼度、前向き度）も、さらにＣＰＡで分かる職務統制傾向もすべて仕事に関する指標です。これらに変化がないのに仕事のパフォーマンスが下がっていたとしたら、その原因はプライベートを疑うほかありません。企業としてはどこまで関わるか微妙な側面もありますが、そこまで把握して必要に応じてカウンセラーへの面談の機会などを設けることも大切です。

クライアントのなかには新入社員の全員面談を実施する企業も現れてきました。昨年入社した新入社員がほぼ1年間にわたってリモート主体の勤務で、上司や先輩とのコミュニケーションも少ないままで大丈夫なのかという問題意識をもったからです。コロナ禍においては、こうした社員ケアの重要性が認識されています。

データはさまざまなことを教えてくれます。データがあることで、これまでの経験と勘によるオペレーションが変わろうとしています。

海外では2010年代の後半からHRテックが盛り上がりを見せていました。それ以前にグーグルが、2013年に生産性の高いチームを科学的に分析する取り組みとして、プロジェクト・アリストテレスを開始したことはよく知られています。そして「心理的安全性」「信頼性」「構造と明瞭さ」「仕事の意味」「インパクト（仕事の意義）」といったチーム生産性向上の5つの柱を発見しました。このなかで「心理的安全性」が最も大切で、全部の基本になっていることも明らかにしました。海外、特に米国でのこうした取り組みと比べると、日本は数年遅れている感は否めませんが、それでもデータに基づいた人事の必要性に気づく企業がこの数年増えてきたことは喜ばしいことだといえます。

データが語ってくれることを企業の人事の方に伝えるのが私の仕事です。この「伝える」という行為は、私にとって、まさに天職なのではないかと最近感じるようになりました。私の祖父は僧侶で父は教師でした。僧侶も教師も人にものを伝えたり教えたりする立場です。気づけば、これは三代続く天職なのだと感じています。

ストレスチェックの開発で筑波大学の松崎教授と知り合ってからは、ストレス対処能力を高めることの大切さを知りました。先生のお弟子さんたちは皆、ハイパフォーマーの上司の下で学ぶ医師で、日本の精神医学・精神保健を大きく変えていかれている方ばかりです。

同じことをデータに基づいて科学的に実践することができます。そのための教育・訓練も可能です。科学的な方法でハイパフォーマーを増やしていく、あるいはハイパフォーマーにほかの人をリードしてもらう――このことは今の日本の産業界から最も求められていることではないかと考えています。

会社設立当時、医療関連の調査案件のため、私たちの名刺をもって某大学医学部の教授を訪ねて自己紹介したとき、開口一番「医療は産業じゃない！」とたしなめられて面食らったことを覚えています。あれから35年経過し、当時の教授はさすがに亡くなられたでしょうが、今では「医療は産業じゃない」と言う方はいません。医療分野の専門的知見を活かして、企業や産業構造を変えていくお手伝いを続けていくのが使命です。データに基づいた科学的な人事によって企業の生産性を高めることは日本の将来にとって必要なことであり、しかも急務だと考えます。この考え方を広げていくためには私たちの力だけでは足りません。志を同じくする仲間が必要です。本書がきっかけでその志の輪が広がることを願ってやみません。

梅本 哲（うめもと さとし）
株式会社医療産業研究所　代表取締役

北海道生まれ。大学卒業後、医療関連メーカーに入社。市場調査・商品企画・事業計画・販売計画策定・新商品の市場導入など、マーケティングを初歩から一通り経験したのちに退社。１９８６年に医療分野における調査・コンサルティングに特化した専門企業として、現在の医療産業研究所を共同設立し、１９９４年より現職。設立以来35年にわたり、中央官庁、地方自治体、公益法人、大学等教育機関、官民研究機関、医療機関・団体、民間企業等、幅広いクライアントから、保健・医療・福祉に関する多様なテーマでの調査依頼を受託してきた。２００３年に、筑波大学と産学協同で開発したストレスチェックツールを基軸に、メンタルヘルス事業へ参入。２０１５年の労働者へのストレスチェック義務化による市場拡大を経て、現在に至る。近年は、医療関連分野の調査業務で培った専門知識・データ解析技術を駆使して、企業の生産性向上を実現させるための提案を行っている。

本書についての
ご意見・ご感想はコチラ

サイエンスドリブン
生産性向上につながる科学的人事

二〇二一年一〇月二五日　第一刷発行

著　者　梅本 哲
発行人　久保田貴幸
発行元　株式会社 幻冬舎メディアコンサルティング
〒一五一-〇〇五一　東京都渋谷区千駄ヶ谷四-九-七
電話　〇三-五四一一-六四四〇（編集）
発売元　株式会社 幻冬舎
〒一五一-〇〇五一　東京都渋谷区千駄ヶ谷四-九-七
電話　〇三-五四一一-六二二二（営業）
印刷・製本　シナノ書籍印刷株式会社
装　丁　田口美希

検印廃止

Printed in Japan　ISBN 978-4-344-93442-9 C0034
幻冬舎メディアコンサルティングＨＰ　http://www.gentosha-mc.com/